# 釋　名

〔漢〕劉熙　撰

愚若　點校

中華書局

圖書在版編目（CIP）數據

釋名/（漢）劉熙撰；愚若點校. —北京：中華書局，2020. 2
（2022. 5 重印）
（中國古代語言學基本典籍叢書）
ISBN 978-7-101-14382-9

Ⅰ. 釋… Ⅱ. ①劉…②愚… Ⅲ. 漢語-訓詁-古代
Ⅳ. H131. 3

中國版本圖書館 CIP 數據核字（2020）第 023634 號

書　　名　釋　名
撰　　者　〔漢〕劉　熙
點 校 者　愚　若
叢 書 名　中國古代語言學基本典籍叢書
責任編輯　秦淑華
出版發行　中華書局
　　　　　（北京市豐臺區太平橋西里 38 號　100073）
　　　　　http://www.zhbc.com.cn
　　　　　E-mail：zhbc@ zhbc.com.cn
印　　刷　三河市中晟雅豪印務有限公司
版　　次　2020 年 2 月第 1 版
　　　　　2022 年 5 月第 2 次印刷
規　　格　開本/850×1168 毫米　1/32
　　　　　印張5⅝　字數 200 千字
印　　數　3001-4500 冊
國際書號　ISBN 978-7-101-14382-9
定　　價　26. 00 元

# 出版說明

語言文字是人們進行思維、交流思想的工具,是人類文化的載體。我國傳統文化博大精深,要研究、傳承她,首先要掃清語言文字方面的障礙,因爲"語言文字之學爲各種學問之預備,捨此則一無可通","六經皆載於文字者也,非聲音則經之文不正,非訓詁則經之義不明"。我國傳統的語言文字學又稱小學,兩千多年來,前人留下了大量寶貴的小學著作,研究它們是研究中國文化的基礎工作。有鑒於此,我們計劃出版《中國古代語言學基本典籍叢書》,以整理最基本的小學典籍,向讀者提供一套可靠而方便使用的通行讀本,對文本加以斷句和標點及精要的校勘(關乎文意理解),而不以繁瑣的考證、校勘爲務。

《釋名》,原題漢末北海劉熙撰,是我國第一部聲訓學著作,試圖探尋事物命名的由來,而聲訓是它的途徑。現今能見到的最早傳世本《釋名》爲明嘉靖三年(1524)儲良材、程鴻刻本。四部叢刊初編經部則影印江南圖書館藏明嘉靖翻宋八卷本。王先謙(1842—1917)組織學者在畢沅、顧廣圻等人校本基礎上作《釋名疏證補》，這是一部校勘、注釋《釋名》的集大成之作。今以四部叢刊本爲底本，參校《釋名疏證補》，采用通行字排印，底本明顯的譌誤徑改出校；有疑問或有參考價值的異文出校；因部分詞條含多個詞目，爲方便讀者，特加以編號，如 1.001 乃釋天第一的第一條；詞條采用黑體字，以使醒目，並加以拼音；編製音序和筆畫索引，以儘可能方便讀者。限於學力，錯誤及不妥之處尚祈讀者不吝指正。

中華書局編輯部

2017 年 6 月

# 目　録

# 《釋名》序

劉熙字成國撰

熙以爲自古造化制器立象，有物以來，迄于近代，或典禮所制，或出自民庶，名號雅俗，各方名殊。聖人於時就而弗改，以成其器。著於既往，哲夫巧士以爲之名，故興於其用而不易其舊，所以崇易簡、省事功也。夫名之於實，各有義類。百姓日稱而不知其所以之意，故撰天地、陰陽、四時、邦國、都鄙、車服、喪紀，下及民庶應用之器，論敘指歸，謂之《釋名》，凡二十七篇。至於事類，未能究備。凡所不載，亦欲智者以類求之。博物君子其於答難解惑，王父幼孫朝夕侍問以塞。可謂之士，聊可省諸。

右《釋名》八卷，《館閣書目》云：漢徵士北海劉熙字成國撰。推揉事源，釋名號，致意精微。《崇文總目》云：熙即物名以釋義，凡二十七目，臨安府陳道人書籍鋪刊行。

# 刻《釋名》序

《釋名》者,小學文字之書也。古者文字之書有三焉:一,體制,謂點畫有縱橫曲直之殊,若《說文》《字原》之類是也;二,訓詁,謂稱謂有古今雜俗之異,若《爾雅》《釋名》之類是也;三,音韻,謂呼吸有清濁高下之不同,若沈約《四聲譜》及西域反切之文是也。三者雖各自名家,要之皆小學之書也。

夫自六經出而《爾雅》作,《爾雅》作而《釋名》著,是故《漢·藝文志》以《爾雅》附《孝經》,而《經籍志》以附《論語》,蓋崇之也。漢劉熙所著《釋名》,翼《雅》者也,宜與《雅》並傳。

《爾雅》故有鏤本,而《釋名》久無傳者,余按全晉,偶得是書於李僉憲川甫,川甫得諸蔡中丞石岡,石岡得諸濟南周君秀,因託呂太史仲木校正,付太原黃守刊布焉。然則翼《雅》之書,詎止於是乎? 郭璞有《圖》,沈璇有《注》,孫炎有《音》,江瓘有《贊》,邢昺有《正義》,張揖有《廣雅》,

曹憲有《博雅》，孔鮒有《小爾雅》，劉伯莊有《續爾雅》，楊雄有《方言》，劉霽有《釋俗語》，盧辨有《稱謂》，沈約有《俗說》，張顯有《古今訓》，韋昭有《辨釋名》，凡讀《爾雅》者，皆當參覽，其可以小學之書而忽之哉？

嘉靖甲申冬十二月既望，谷泉儲良材邦掄父撰

# 重刊《釋名》後序

　　漢徵士北海劉熙著《釋名》二十七篇，蓋《爾雅》之緒也。昔者周公申彝倫之道，乃制作《儀》《周》二禮，《雅》《南》《豳》《頌》四時，皆發揮於陰陽象器、山河草木，以及蟲魚鳥獸之物，義雖裁諸己，文多博諸古，恐來世之不解也，其徒作《爾雅》以訓焉。魯哀公欲學小辯以觀政，孔子曰：觀爾雅以辯言。《釋名》者，亦辯言之意乎？今夫學者將以爲道也，欲爲道而不知義，則於道不樂進；欲知義而不辯言，則於義不可靜；欲辯言而不正名，則於言不能審。是故灑掃應對，道德性命，其致一也。

　　夫音以九土而異，聲以十世而殊，山人以爲蓻蒿藿苓者，國人以爲齷蒜韭葱者也；古人以爲基厹介弔者，今人以爲始君大至者也。故名猶明也，釋猶譯也、解也，譯而明之，以從義而入道也。是書南宋時刻於臨安，尋燬不傳，今侍御谷泉儲公邦掄得之於嵩山僉憲李公，李公得之於中丞石岡蔡公，乃命柟校正，付絳州守程君鴻刊布焉，其意遐乎！但《爾雅》先詁、言、訓、親而後動、植，近取諸身，斯遠取諸物也，《釋名》以天地山水爲先，則瀕乎玩物矣。故魏張揖采《蒼》《雅》作《廣雅》，辭類雖衍，猶爲存《爾雅》之舊乎。

　　　　　嘉靖三年冬十月乙卯高陵吕柟序


　　《釋名》今無刊本，兹所校者，又專本無副，正過亦八十餘字，皆以意揆諸義者，故義若可告即爲定改，求而不得仍存其舊，《序》中“可謂”二字，《釋國》篇“譚首”之“譚”一字，《釋姿容》篇“邊自”二字，《釋言》篇“説日”二字，“操功”之“功”一字，曾疑爲“切”字，“曜畜”之“曜”一字，《釋疾》篇“㽞一”二字，凡十一字皆闕未改，俟有他本及知《釋名》者。

　　　　　　　　　　　　　　　柟又識

# 《釋名》目録

# 釋名卷第一

劉熙字成國撰

## 釋天第一

1. 001　天(tiān)，豫、司、兗、冀以舌腹言之，天，顯也，在上高顯也。青、徐以舌頭言之，天，坦也[1]；坦然高而遠也。春曰蒼天(cāngtiān)，陽氣始發，色蒼蒼也。夏曰昊天(hàotiān)，其氣布散皓皓也。秋曰旻天(míntiān)，旻，閔也，物就枯落可閔傷也。冬曰上天(shàngtiān)，其氣上騰與地絶也。故《月令》曰："天氣上騰，地氣下降。"《易》謂之乾。乾(qián)，健也，健行不息也。又謂之玄(xuán)。玄，懸也，如懸物在上也。

1. 002　日(rì)，實也，光明盛實也。

1. 003　月(yuè)，缺也[2]，滿則缺也。

1. 004　光(guāng)，晃也，晃晃然也。亦言廣也，所照廣遠也。

---

① 坦，《玉篇》等引作"坦"，葉德炯認爲"坦、天"透母雙聲，畢沅認爲"坦"譌。下"坦"同。

② 缺，王刻本作"闕"。下"缺"同。

1.005　景(jǐng),境也①,明所照處有境限也②。

1.006　晷(guǐ),規也,如規畫也。

1.007　曜(yào),耀也,光明照耀也。

1.008　星(xīng),散也,列位布散也。

1.009　宿(xiù),宿也,星各止宿其處也。

1.010　氣(qì),餼也③,餼然有聲而無形也。

1.011　風(fēng),兗、豫、司、冀橫口合脣言之,風,氾也,其
　　　　氣博氾而動物也。青、徐言風,踧口開脣推氣言之,風,
　　　　放也,氣放散也。

1.012　陰(yīn),蔭也,氣在内奧蔭也。

1.013　陽(yáng),揚也,氣在外發揚也。

1.014　寒(hán),捍也④,捍挌也。

1.015　暑(shǔ),煮也,熱如煮物也。

1.016　熱(rè),爇也,如火所燒爇也。

1.017　雨(yǔ),羽也,如鳥羽動則散也⑤。

1.018　春(chūn),蠢也,動而生也⑥。

---

① 境,畢沅曰:俗書竟字加土旁,非也。王刻本作“竟”,下“境”同。
② 明,王刻本無。
③ 餼,王先謙認爲當作“憭”。下“餼”同。
④ 捍,王刻本作“扞”。下“捍”同。畢沅云“捍”俗字。《説文解字》
　　無“捍”字。
⑤ “散也”後王刻本有“雨,水從雲下也。雨者,輔也,言輔時生養也”。
⑥ 動而生也,王刻本作“萬物蠢然而生也”。

1.019 夏(xià)，假也，寬假萬物使生長也。

1.020 秋(qiū)，緧也，緧迫品物使時成也。

1.021 冬(dōng)，終也，物終成也。

1.022 四時(sìshí)，四方各一時。時，期也。物之生死，各應節期而止也。

1.023 年(nián)，進也，進而前也①。

1.024 歲(suì)，越也，越故限也。唐虞曰載(zǎi)。載生物也。殷曰祀(sì)。祀，巳也，新氣升故氣巳也。

1.025 五行(wǔxíng)者，五氣也，於其方各施行也。

1.026 金(jīn)，禁也，其氣剛嚴能禁制也。

1.027 木(mù)，冒也，華葉自覆冒也。

1.028 水(shuǐ)，準也，準平物也。

1.029 火(huǒ)，化也，消化物也。亦言毀也，物入中皆毀壞也。

1.0030 土(tǔ)，吐也，能吐生萬物也。

1.0031 子(zǐ)，孳也，陽氣始萌，孳生於下也。於《易》爲坎。坎，險也。

1.0032 丑(chǒu)，紐也，寒氣自屈紐也。於《易》爲艮。艮，限也。時未可聽物生，限止之也。

1.0033 寅(yín)，演也，演生物也。

---

① 此條七字，王刻本在“歲，越也，越故限也”後，合爲一條。

1.034 卯(mǎo),冒也,載冒土而出也。於《易》爲震。二
月之時,雷始震也。

1.035 辰(chén),伸也,物皆伸舒而出也。

1.036 巳(sì),已也,陽氣畢布已也。於《易》爲巽。巽,
散也,物皆生布散也。

1.037 午(wǔ),仵也,陰氣從下上,與陽相仵逆也。於《易》
爲離。離,麗也,物皆附麗陽氣以茂也。

1.038 未(wèi),昧也,日中則昃,向幽昧也。

1.039 申(shēn),身也。物皆成其身體,各申束之使備
成也。

1.040 酉(yǒu),秀也。秀者,物皆成也。於《易》爲兑。兑,
悦也,物得備足,皆喜悦也。

1.041 戌(xū),恤也,物當收斂矜恤之也。亦言脱也、
落也。

1.042 亥(hài),核也,收藏百物,核取其好惡真僞也。亦
言物成皆堅核也。

1.043 甲(jiǎ),孚也,萬物解孚甲而生也。

1.044 乙(yǐ),軋也,自抽軋而出也。

1.045 丙(bǐng),炳也,物生炳然,皆著見也。

1.046 丁(dīng),壯也,物體皆丁壯也。

1.047 戊(wù),茂也,物皆茂盛也。

1.048 己(jǐ),紀也,皆有定形可紀識也。

1.049　庚(gēng)，猶更也。庚，堅強貌也。

1.050　辛(xīn)，新也，物初新者皆收成也。

1.051　壬(rén)，妊也，陰陽交，物懷妊也，至子而萌也。

1.052　癸(guǐ)，揆也，揆度而生，乃出之也①。

1.053　霜(shuāng)，喪也，其氣慘毒，物皆喪也。

1.054　露(lù)，慮也，覆慮物也。

1.055　雪(xuě)，綏也，水下遇寒氣而凝，綏綏然也。

1.056　霰(xiàn)，星也，水雪相搏，如星而散也。

1.057　霢霂(màimù)，小雨也。言裁霢歷霑漬，如人沐頭，
　　　惟及其上枝而根不濡也。

1.058　雲(yún)，猶云云，衆盛意也。又言運也，運行也。

1.059　雷(léi)，硠也，如轉物有所硠雷之聲也。

1.060　電(diàn)，殄也，乍見則殄滅也②。

1.061　震(zhèn)，戰也，所擊輒破，若攻戰也。又曰辟歷
　　　(pīlì)。辟，折也③，所歷皆破折也。

1.062　雹(báo)，砲也，其所中物皆摧折，如人所盛咆也。

1.063　虹(hóng)④，攻也，純陽攻陰氣也。又曰螮蝀
　　　(dìdōng)。其見每於日在西而見於東，啜飲東方之水

---

①　之，王刻本作"土"。
②　則，王刻本作"即"。
③　折，畢沅認爲據義當作"析"。下"折"同。
④　"虹"前畢沅據《初學記》等引補"虹，陽氣之動也"。

氣也<sup>①</sup>。見於西方曰升朝(shēngzhāo)，日始升而出見
也。又曰美人(měirén)。陰陽不和，婚姻錯亂，淫風流
行，男美於女，女美於男，恆相奔隨之時<sup>②</sup>，則此氣盛，
故以其盛時名之也。

1.064　霓(ní)，齧也。其體斷絕，見於非時，此災氣也。傷
害於物，如有所食齧也。

1.065　暈(yùn)，捲也，氣在外捲結之也。日月俱然。

1.066　陰而風曰曀(yì)。曀，翳也，言掩翳日光使不明也<sup>③</sup>。

1.067　風而雨土曰霾(mái)。霾，晦也，言如物塵晦之
色也。

1.068　珥(ěr)，氣在日兩旁之名也。珥，耳也，言似人耳之
在面旁也<sup>④</sup>。

1.069　日月虧曰食(shí)。稍稍侵虧，如蟲食草木葉也。

1.070　晦(huì)<sup>⑤</sup>，灰也，火死爲灰，月光盡似之也。

1.071　朔(shuò)<sup>⑥</sup>，蘇也，月死復蘇生也。

1.072　弦(xián)，月半之名也。其形一旁曲一旁直，若張
弓施弦也。

---

① 啜，原譌作"掇"。
② 恆，畢沅認爲乃"互"之譌。
③ "言"後畢沅據《一切經音義》引增"雲氣"二字。
④ 面，王刻本作"兩"。
⑤ "晦"前畢沅據《初學記》引補"朏，月未成明也。霸，月始生霸然
也。晦，月盡之名也"三句。
⑥ "朔"前畢沅據《初學記》引補"朔，月初之名也"。

1.073　望(wàng)，月滿之名也。月大十六日，小十五日，日在東，月在西，遙相望也。

1.074　昏(hūn)，損也，陽精損滅也。

1.075　晨(chén)，伸也，旦而日光復伸見也。

1.076　祲(jìn)，侵也，赤黑之氣相侵也。

1.077　氛(fēn)，粉也，潤氣著草木，因寒凍凝，色白若粉之形也。

1.078　霧(wù)，冒也，氣蒙亂覆冒物也。蒙，日光不明，蒙蒙然也。

1.079　彗星(huìxīng)，光梢似彗也。

1.080　孛<sup>蒲没反</sup>星(bèixīng)，星旁氣孛孛然也。

1.081　筆星(bǐxīng)，星氣有一枝末銳似筆也。

1.082　流星(liúxīng)，星轉行如流水也。

1.083　枉矢(wǎngshǐ)，齊、魯謂光景爲枉矢。言其光行若射矢之所至也。亦言其氣枉暴，有所災害也。

1.084　厲(lì)，疾氣也，中人如磨厲傷物也。

1.085　疫(yì)，役也，言有鬼行疫也。

1.086　疧(zhá)<sup>①</sup>，截也，氣傷人如有斷截也。

1.087　灾(zāi)，裁也。火所燒滅之餘曰裁，言其於物如是也。

---

① 疧，畢沅認爲乃"札"之俗。

1.088　害(hài)，割也，如割削物也。

1.089　異(yì)者，異於常也。

1.090　眚(shěng)，痟也<sup>①</sup>，如病者痟瘦也。

1.091　慝(tè)，態也，有姦態也。

1.092　妖(yāo)，殀也，殀害物也。

1.093　孼(niè)<sup>②</sup>，擊也<sup>③</sup>，遇之如物見髡孼也。

---

① 痟，王刻本作“省”。下“痟”同。
② 孼，王刻本作“蠥”。
③ 孼，王刻本作“櫱”。下“孼”同。

# 釋地第二

2.001　地(dì)者,底也,其體底下載萬物也。亦言諦也,
　　　五土所生,莫不信諦也。《易》謂之坤。坤(kūn),順也,
　　　上順乾也。

2.002　土(tǔ),吐也,吐生萬物也。

2.003　已耕者曰田(tián)。田,填也,五稼填滿其中也。

2.004　壤(rǎng),攘也①,肥濡意也。

2.005　廣平曰原(yuán)。原,元也,如元氣廣大也。

2.006　高平曰陸(lù)。陸,漉也,水流漉而去也。

2.007　下平曰衍(yǎn),言漫衍也。

2.008　下濕曰隰(xí)。隰,蟄也,蟄溼意也。

2.009　下而有水曰澤(zé),言潤澤也。

2.010　地不生物曰鹵(lǔ)。鹵,爐也,如爐火處也。

2.011　徐州貢土五色(wǔsè),有青(qīng)、黃(huáng)、赤
　　　(chì)、白(bái)、黑(hēi)也。

2.012　土青曰黎(lí),似黎草色也②。

2.013　土黃而細密曰埴(zhí)。埴,膩也③,黏昵如脂之

---

① 攘,王刻本作"膁"。
② 黎,畢沅認爲當作"藜"。
③ 膩,畢沅考證當作"膱",之食反。

膩也。

2.014　土赤曰鼠肝(shǔgān)，似鼠肝色也。

2.015　土白曰漂(piāo)。漂，輕飛散也。

2.016　土黑曰盧(lú)，盧然解散也。

# 釋山第三

3. 001　山(shān)，産也，産生物也。土山曰阜(fù)。阜，厚也，言高厚也。大阜曰陵(líng)。陵，隆也，體高隆也。

3. 002　山頂曰冢(zhǒng)。冢，腫也，言腫起也。山旁曰陂(bēi)，言陂陁也。

3. 003　山脊曰岡(gāng)。岡，亢也，在上之言也。

3. 004　山旁隴間曰涌(yǒng)。涌，猶桶，桶挾而長也。

3. 005　山大而高曰嵩(sōng)，竦也，亦高稱也。

3. 006　山小高曰岑(cén)，嶄也，嶄然也[1]。

3. 007　上銳而長曰嶠(qiáo)[2]，形似橋也。

3. 008　小山別大山曰甗(yǎn) 音彥[3]。甗，甑也。甑一孔者，甗形孤出處似之也。

3. 009　山多小石曰磝(áo)。磝，堯也，每石堯堯，獨處而出見也。

3. 010　山多大石曰礐(xué)。礐，學也，大石之形學學形也[4]。

3. 011　山有草木曰岵(hù)。岵，怙也，人所怙取以爲事

---

① 嶄然也，王刻本作“嶄嶄然也”。

② 上銳而長曰嶠，王刻本作“山銳而高曰喬”。上，一本作“土”。

③ 小山別大山曰甗，王刻本作“山上大下小曰甗”。

④ 形，王刻本作“然”，畢沅認爲“形”誤。

用也。

3.012　山無草木曰屺(qǐ)。屺,圮也,無所出生也。

3.013　山上有水曰埒(liè)①。埒,脱也,脱而下流也。

3.014　石載土曰岨(qū),岨臚然也。土載石曰崔嵬(cuīwéi),因形名之也。

3.015　山東曰朝陽(zhāoyáng)。山西曰夕陽(xīyáng)。隨日所照而名之也。

3.016　山下根之受霤處曰甽(zhèn)。甽,吮也,吮得山之肥潤也。

3.017　山中藂木曰林(lín)。林,森也,森森然也。

3.018　山足曰麓(lù)。麓,陸也,言水流順陸燥也。

3.019　山體曰石(shí)。石,格也,堅捍格也。

3.020　小石曰礫(lì)。礫,料也,小石相枝柱,其間料料然出内氣也。

---

① 埒,原譌作"埒"。

# 釋水第四

4.001　天下大水四,謂之四瀆(sìdú),江、河、淮、濟是也。

4.002　瀆(dú),獨也,各獨出其所而入海也。

4.003　江(jiāng),公也,小水流入其中公共也<sup>①</sup>。

4.004　淮(huái),圍也,圍繞揚州北界,東至海也。

4.005　河(hé),下也,隨地下處而通流也。

4.006　濟(jǐ),濟也,源出河北濟河而南也。

4.007　川(chuān),穿也,穿地而流也。

4.008　山夾水曰澗(jiàn)。澗,間也,言在兩山之間也。

4.009　水正出曰濫泉(jiànquán)。濫,銜也,如人口有所銜,口閉則見也。

4.010　懸出曰沃泉(wòquán)。水從上下,有所灌沃也。

4.011　側出曰氿泉(guǐquán)。氿,軌也,流狹而長,如車軌也。

4.012　所出同、所歸異曰沘泉(féiquán)。本同出時所浸潤少,所歸各枝散而多似沘者也。

4.013　水從河出曰雍沛(yōngpèi),言在河岸限内,時見雍出,則沛然也。

4.014　水上出曰涌泉(yǒngquán)。瀆泉(dúquán)並是也。

_____

① "公共"前王刻本有"所"字。

4.015　水泆出所爲澤曰掌(zhǎng)，水停處如手掌中也。今兗州人謂澤曰掌也。

4.016　水決復入爲汜(sì)。汜，已也，如出有所爲，畢已而還入也。

4.017　風吹水波成文曰瀾(lán)[①]。瀾，連也，波體轉流相及連也。

4.018　水小波曰淪(lún)。淪，倫也，小文相次有倫理也[②]。

4.019　水直波曰涇(jīng)。涇，俓也，言如道俓也。

4.020　水草交曰湄(méi)。湄，眉也，臨水如眉臨目也，水經川歸之處也。

4.021　海(hǎi)，晦也，主承穢濁，其水黑如晦也[③]。

4.022　水注谷曰溝(gōu)。田間之水亦曰溝。溝，搆也，從橫相交搆也。

4.023　注溝曰澮(huì)。澮，會也，小溝之所聚會也。

4.024　水中可居者曰洲(zhōu)。洲，聚也，人及鳥物所聚息之處也。

4.025　小洲曰渚(zhǔ)。渚，遮也，體高能遮水，使從旁迴也。

4.026　小渚曰沚(zhǐ)。沚，止也，小可以止息其上也。

---

① 吹，王刻本作“行”。
② 小，王刻本作“水”。
③ 如，王刻本作“而”。

4.027　小沚曰泜(chí)。泜，遲也，能遏水使流遲也。

4.028　人所爲之曰滷(shù)。滷，術也，堰使水鬱術也。魚梁、水碓之謂也。

4.029　海中可居者曰島(dǎo)。島，到也，人所奔到也。亦言鳥也，物所赴如鳥之下也。

# 釋丘第五

5.001　丘一成曰**頓丘**(dùnqiū)，一頓而成，無上下大小之
　　　殺也。

5.002　再成曰**陶丘**(táoqiū)，於高山上一重作之，如陶竈
　　　然也。

5.003　三成曰**崑崙丘**(kūnlúnqiū)，如崑崙之高而積重也。

5.004　前高曰**髦丘**(máoqiū)，如馬舉頭垂髦也。

5.005　中央下曰**宛丘**(wǎnqiū)，有丘宛宛如偃器也。涇
　　　上有一泉水亦是也。

5.006　偏高曰**阿丘**(ēqiū)。阿，荷也，如人擔荷物[①]，一邊
　　　偏高也。

5.007　**畝丘**(mǔqiū)，丘體滿一畝之地也。

5.008　**圜丘**(yuánqiū)、**方丘**(fāngqiū)，就其方圜名之也。

5.009　銳上曰**融丘**(róngqiū)。融，明也；明，陽也。凡上
　　　銳皆高而近陽者也。

5.010　如乘曰**乘丘**(shèngqiū)。四馬曰乘。一基在後似車，
　　　四列在前，似駕馬車之形也。

5.011　如陼之與反者曰**陼丘**(zhǔqiū)。形似水中之高地，
　　　隆高而廣也。

――――――――――――

① 擔荷，王刻本作"儋何"，畢沅認爲"擔荷"字俗。

5.012　水潦所止曰泥丘(níqiū)。其止污水，留不去成泥也。

5.013　澤中有丘曰都丘(dūqiū)，言蟲鳥往所都聚也。

5.014　當途曰梧丘(wúqiū)。梧，忤也，與人相當忤也。

5.015　道出其右曰畫丘(huàqiū)。人尚右，凡有指畫皆用右也。

5.016　道出其前曰載丘(zàiqiū)，在前故載也。

5.017　道出其後曰昌丘(chāngqiū)。

5.018　水出其前曰阯丘(zhǐqiū)。阯，基趾也，言所出然。

5.019　水出其後曰阻丘(zǔqiū)，此水以爲險也①。

5.020　水出其右曰沚丘(zhǐqiū)。沚，止也，西方義氣有所制止也。

5.021　水出其左曰營丘(yíngqiū)。

5.022　丘高曰陽丘(yángqiū)，體高近陽也。

5.023　宗丘(zōngqiū)，邑中所宗也。

---

① 此，王刻本作“背”，畢沅認爲“此”誤。或認爲當作“北”。

# 釋道第六

6.001　道一達曰道路(dàolù)。道,蹈也。

6.002　路(lù),露也,人所踐蹈而露見也。

6.003　二達曰岐旁(qípáng)。物兩爲岐,在邊曰旁。此道
　　　　並通出似之也。

6.004　三達曰劇旁(jùpáng)。古者列樹以表道。道有夾溝,
　　　　以通水潦。恆見修治,此道旁轉多,用功稍劇也。

6.005　四達曰衢(qú)。齊、魯謂四齒杷爲櫂。櫂杷地則
　　　　有四處,此道似之也。

6.006　五達曰康(kāng)。康,昌也;昌,盛也。車步併列,
　　　　並用之,言充盛也。

6.007　六達曰莊(zhuāng)。莊,裝也,裝其上使高也。

6.008　七達曰劇驂(jùcān)。驂馬有四耳,今此道有七,比
　　　　於劇也。

6.009　八達曰崇期(chóngqī)。崇,充也。道多所通,人充
　　　　滿其上,如共期也。

6.010　九達曰逵(kuí)。齊、魯謂道多爲逵師,此形然也。

6.011　城下道曰隍(háo)。隍,翱也,都邑之內翱翔祖駕
　　　　之處也。

6.012　步所用道曰蹊(xī)。蹊,係也<sup>①</sup>。射疾則用之,故還係於正道也。

6.013　徑(jìng),經也,人所經由也。

6.014　鹿兔之道曰亢(gāng)。行不由正,亢陌山谷草野而過也。

6.015　涂(tú),度也,人所由得通度也。

---

① 係,王刻本作"傒"。

# 釋名卷第二

釋州國第七　釋形體第八

## 釋州國第七

7.001　青州(qīngzhōu)在東,取物生而青也。州,注也,
郡國所注仰也。

7.002　徐州(xúzhōu),徐,舒也,土氣舒緩也。

7.003　揚州(yángzhōu),州界多水,水波揚也。

7.004　荆州(jīngzhōu),取名於荆山也。必取荆爲名者,
荆,警也,南蠻數爲寇逆,其民有道後服,無道先彊,常
警備之也。

7.005　豫州(yùzhōu),地在九州之中,京師東都所在,常
安豫也。

7.006　涼州(liángzhōu),西方所在寒涼也。

7.007　雍州(yōngzhōu),在四山之內。雍,翳也。

7.008　并州(bīngzhōu),曰土無也①。其州或并或設,故因
以爲名也。

7.009　幽州(yōuzhōu),在北幽昧之地也。

7.010　冀州(jìzhōu),亦取地以爲名也。其地有險有易,

────────────

① 曰土無也,畢沅評其"謬甚",據《太平御覽》引改爲"并,兼并也"。

帝王所都,亂則冀治,弱則冀彊,荒則冀豐也。

7.011　兗州(yǎnzhōu),取兗水以爲名也。

7.012　司州(sīzhōu),司隸校尉所主也。

7.013　益州(yìzhōu),益,阨也。所在之地險阨也。

7.014　古有營州(yíngzhōu),齊衛之地於天文屬營室,取
　　　　其名也。

7.015　燕(yān),宛也,北方沙漠平廣,此地在涿鹿山南,
　　　　宛宛然以爲國都也。

7.016　宋(sòng),送也。地接淮泗而東南傾,以爲殷後,
　　　　若云滓穢所在,送使隨流東入海也。

7.017　鄭(zhèng),町也,其地多平,町町然也。

7.018　楚(chǔ),辛也,其地蠻多而人性急,數有戰爭,相
　　　　爭相害,辛楚之禍也。

7.019　周(zhōu),地在岐山之南,其山四周也。

7.020　秦(qín),津也,其地沃衍,有津潤也。

7.021　晉(jìn),進也。其土在北[①],有事於中國則進而南
　　　　也。又取晉水以爲名,其水迅進也。

7.022　趙(zhào),朝也。本小邑,朝事於大國也。

7.023　魯(lǔ),魯鈍也。國多山水,民性樸魯也。

7.024　衛(wèi),衛也。既滅殷,立武庚爲殷後,三監以守

_____

① 土,王刻本作"地"。

衛之也。

7.025　齊(qí)，齊也。地在渤海之南[1]，勃齊之中也[2]。

7.026　吳(wú)，虞也，太伯讓位而不就，歸，封之於此，虞其志也。

7.027　越(yuè)，夷蠻之國也。度越禮義，無所拘也。此十二國，上應列宿，各以其地及於事宜，制此名也。至秦改諸侯，置郡縣，隨其所在山川土形而立其名。漢就而因之也。

7.028　河南(hénán)，在河之南也。

7.029　河内(hénèi)，河水從岐山而南，從雷首而東，從譚首而北，郡在其内也。

7.030　河東(hédōng)，在河水東也。

7.031　河西(héxī)，在河水西也。

7.032　上黨(shàngdǎng)，黨，所也，在山上其所最高，故曰上也[3]。

7.033　潁川(yǐngchuān)，因潁水爲名也。

7.034　汝南(rǔnán)，在汝水南也。

7.035　汝陰(rǔyīn)，在汝水陰也。

7.036　東郡(dōngjùn)、南郡(nánjùn)，皆以京師方面言

---

① 渤，王刻本作“勃”。
② 勃，一本作“如”。
③ 上也，王刻本作“上黨也”。

之也。

7.037　北海(běihǎi)，海在其北也。

7.038　西海(xīhǎi)，海在其西也。

7.039　南海(nánhǎi)，在海南也。宜言海南，欲同四海名，
　　　故言南海。

7.040　東海(dōnghǎi)，海在其東也。

7.041　濟南(jǐnán)，濟水在其南也。

7.042　濟北(jǐběi)，濟水在其北也。義亦如南海也。

7.043　濟陰(jǐyīn)，在濟水之陰也。

7.044　南陽(nányáng)，在國之南而地陽也①。凡若此類郡
　　　國之名，取號於此，則其餘可知也。縣邑之名亦如之。

7.045　大曰邦(bāng)。邦，封也，封有功於是也。

7.046　國城曰都(dū)者②，國君所居，人所都會也。

7.047　周制九夫爲井(jǐng)，其制似井字也。四井爲邑
　　　(yì)。邑，猶悒也③，邑人聚會之稱也。

7.048　四邑爲丘(qiū)。丘，聚也。

7.049　四丘爲甸(diàn)。甸，乘也，出兵車一乘也。

7.050　鄙(bǐ)，否也，小邑不能遠通也。

-------

① 在國之南而地陽也，王刻本作“在中國之南而居陽地”。

② 國城曰都者，王刻本作“國城曰都都者”。

③ 悒，王刻本作“俉”。

7.051　縣(xiàn),懸也[1],懸係於郡也。

7.052　郡(jùn),群也,人所群聚也。

7.053　五家爲伍(wǔ),以五爲名也。又謂之鄰(lín)。鄰,
　　　　連也,相接連也。又曰比(bǐ),相親比也。

7.054　五鄰爲里(lǐ),居方一里之中也。

7.055　五百家爲黨(dǎng)。黨,長也,一聚之所尊長也。

7.056　萬二千五百家爲鄉(xiāng)。鄉,向也,衆所向也。

---

①　懸,王刻本作"縣",下"懸"同。畢沅云"懸"乃"縣"之俗。

## 釋形體第八

8.001　人（rén），仁也，仁生物也，故《易》曰："立人之道曰
　　　　仁與義。"

8.002　體（tǐ），第也，骨肉毛血表裏大小相次第也。

8.003　軀（qū），區也。是眾名之大摠，若區域也。

8.004　形（xíng），有形象之異也。

8.005　身（shēn），伸也，可屈伸也。

8.006　毛（máo），貌也，冒也。在表所以別形貌，且以自覆
　　　　冒也。

8.007　皮（pí），被也，被覆體也。

8.008　膚（fū），布也，布在表也。

8.009　肌（jī），懻也，膚幕堅懻也。

8.010　骨（gǔ），滑也，骨堅而滑也。

8.011　胑（zhī），枝也，似水之枝格也[①]。

8.012　肉（ròu），柔也。

8.013　筋（jīn），力也[②]。肉中之力，氣之元也，靳固於身
　　　　形也。

8.014　膜（mó），幕也，幕絡一體也。

———————————

① 水，王刻本作"木"，畢沅云"水"乃"木"之譌。

② 力，王刻本作"靳"是。力、筋，音不近。

8.015　血(xuè)，濊也，出於肉，流而濊濊也。

8.016　膿(nóng)，醲也，汁醲厚也。

8.017　汁(zhī)，涕也，涕涕而出也。

8.018　津(jīn)，進也，汁進出也。

8.019　汋(zhuó)，澤也，有潤澤也。

8.020　汗(hàn)，澣也，出在於表，澣澣然也。

8.021　髓(suǐ)，遺也。遺，潰也。

8.022　髮(fà)，拔也，拔擢而出也。

8.023　鬢(bìn)[①]，峻也，所生高峻也。

8.024　髦(máo)，冒也，覆冒頭頸也。

8.025　眉(méi)，媚也，有嫵媚也。

8.026　頭(tóu)，獨也，於體高而獨也。

8.027　首(shǒu)，始也。

8.028　面(miàn)，漫也。

8.029　額(é)，鄂也，有垠鄂也，故幽州人則謂之鄂也。

8.030　角(jiǎo)者，生於額角也。

8.031　頞(è)，鞍也，偃折如鞍也。

8.032　目(mù)，默也，默而內識也。

8.033　眼(yǎn)，限也，瞳子限限而出也。

---

①　鬢，與“峻”音不近，畢沅云“鬢”誤，王刻本作“囟”。

8.034　睫(jié)，插接也①，插於眼眶而相接也。

8.035　瞳子(tóngzǐ)②，瞳，重也，膚幕相裹重也；子，小稱
也，主謂其精明者也。或曰眸子(móuzǐ)③。眸，冒也，
相裹冒也。

8.036　鼻(bí)，嘒也，出氣嘒嘒也。

8.037　口(kǒu)，空也。

8.038　頰(jiá)，夾也，兩旁稱也④。亦取挾斂食物也。

8.039　舌(shé)，泄也，舒泄所當言也。

8.040　齒(chǐ)，始也。少長之別，始乎此也。以齒食多者
長也，食少者幼也。

8.041　頤(yí)，養也。動於下，止於上，上下咀物，以養
人也⑤。

8.042　牙(yá)，櫨牙也⑥，隨形言之也。

8.043　輔車(fǔchē)，其骨强，所以輔持口也。或曰牙車
(yáchē)，牙所載也。或曰頷(hàn)⑦，頷，含也，口含物
之車也。或曰頰車(jiáchē)，亦所以載物也。或曰齻車

---

① 插接也，王刻本作"插也，接也"。

② 瞳，王刻本作"童"，下"瞳"同。畢沅云"瞳、眸"乃"童、牟"俗字。

③ 眸，王刻本作"牟"，下"眸"同。

④ 兩旁，王先慎曰當作"面兩旁"。

⑤ 王刻本該條與後"輔車"條合一在"牙……言之也"後。畢沅云牙
當承齒下，齒、牙、頤、輔各以類相從。

⑥ 櫨，王先謙云乃"齻"之誤字。

⑦ 頷，王刻本作"頷車"。

(xiànchē)，鼸鼠之食積於頰，人食似之，故取名也。凡繫於車，皆取在下載上物也。

8.044　耳(ěr)，祢也，耳有一體，屬著兩邊，祢祢然也。

8.045　脣(chún)，緣也，口之緣也。

8.046　吻(wěn)，免也。入之則碎，出則免也。又取扠也。漱唾所出，恆加扠拭，因以爲名也。

8.047　舌(shé)，卷也[①]，可以卷制食物使不落也。

8.048　鼻下曰立人(lìrén)，取立於鼻下，狹而長，似人立也。

8.049　口上曰髭(zī)。髭，姿也，爲姿容之美也。

8.050　口下曰承漿(chéngjiāng)。漿，水也[②]。

8.051　頤下曰鬚(xū)。鬚，秀也，物成乃秀，人成而鬚生也[③]。亦取須體幹長而後生也。

8.052　在頰耳旁曰髯(rán)，隨口動搖髯髯然也[④]。

8.053　其上連髮曰鬢(bìn)。鬢，濱也；濱，崖也[⑤]，爲面額之崖岸也。

---

① 王刻本該條以“或曰口卷也……”承“吻”下。前已有“舌”。畢沅云“舌卷”乃“口卷”之譌。
② 漿水也，王刻本作“承水漿也”。
③ 鬚，王刻本作“須”。鬚，“須”之後起字，《説文解字》作“須”。
④ 髯髯，王刻本作“冄冄”。
⑤ 崖，王刻本作“厓”。

8.054　鬢曲頭曰距(jù)。距，拒也[1]，言其曲似拒也。

8.055　項(xiàng)，确也，堅确受枕之處也。

8.056　頸(jǐng)，俓也，俓挺而長也。

8.057　咽(yān)，咽物也。

8.058　膘(yīng)[2]，在頤縷理之中也[3]。青、徐謂之脰(dòu)，物投其中，受而下之也。又謂之嗌(yì)，氣所流通阨要之處也。

8.059　胡(hú)，互也，在咽下垂，能歙互物也。

8.060　胷(xiōng)，猶啌也，啌氣所衝也。

8.061　臆(yì)，猶抑也，抑氣所塞也。

8.062　膺(yīng)，壅也，氣所壅塞也。

8.063　腹(fù)，複也，富也。腸胃之屬以自裹盛，復於外複之，其中多品似富者也。

8.064　心(xīn)，纖也，所識纖微，無物不貫心也[4]。

8.065　肝(gān)，幹也。五行屬木[5]，故其體狀有枝幹也。凡物以大爲幹也[6]。

8.066　肺(fèi)，勃也，言其氣勃鬱也。

---

① 拒，王刻本作 “矩”，下 “拒” 同。

② 該條王刻本以 “或謂之膘” 承 “咽” 下。

③ “頤” 後王刻本有 “下” 字。

④ 貫心，王刻本作 “貫”。

⑤ 五行屬木，王刻本作 “於五行屬木”。

⑥ 大，王刻本作 “木”。

8.067　脾(pí),裨也,在胃下,裨助胃氣,主化穀也。

8.068　腎(shèn),引也。腎屬水,主引水氣灌注諸脈也。

8.069　胃(wèi),圍也,圍受食物也。

8.070　腸(cháng),暢也,通暢胃氣,去滓穢也。

8.071　臍(qí),劑也,腸端之所限劑也。

8.072　胞(bāo)[①],鞄也。鞄,空虛之言也。主以虛承水汋也。或曰膀胱(pángguāng),言其體短而橫廣也。

8.073　自臍以下曰水腹(shuǐfù)[②],水汋所聚也。又曰少腹(shàofù)。少,小也,比於臍以上爲小也。

8.074　陰(yīn),蔭也,言所在蔭翳也。

8.075　脅(xié),挾也,在兩旁,臂所挾也。

8.076　肋(lèi),勒也,檢勒五臟也[③]。

8.077　膈(gé),塞也,塞上下[④],使氣與穀不相亂也。

8.078　腋(yè),繹也,言可張翕尋繹也。

8.079　肩(jiān),堅也。

8.080　甲(jiǎ),闔也,與膂脅皆相會闔也。

8.081　臂(bì),裨也,在旁曰裨也。

8.082　肘(zhǒu),注也,可隱注也。

---

① 胞,王刻本作"脬"。
② 該條王刻本承"臍"下。
③ "檢勒"前王刻本有"所以"二字。
④ 塞上下,王刻本作"隔塞上下"。

8.083　腕(wàn)，宛也，言可宛屈也。

8.084　掌(zhǎng)，言可以排掌也。

8.085　手(shǒu)，須也，事業之所須也。

8.086　節(jié)，有限節也。

8.087　爪(zhǎo)，紹也。筋極爲爪，紹續指端也。

8.088　背(bèi)，倍也，在後稱也。

8.089　脊(jǐ)，積也，積續骨節，終上下也。

8.090　尾(wěi)，微也，承脊之末稍微殺也。

8.091　要(yāo)，約也，在體之中約結而小也。

8.092　髖(kuān)，緩也，其腋皮厚而緩也。

8.093　臀(tún)，殿也，高厚有殿遌也。

8.094　尻(kāo)，廖也，尻所在廖牢深也。

8.095　樞(shū)[①]，機也，要脾股動搖如樞機也。

8.096　髀(bì)，卑也，在下稱也。

8.097　股(gǔ)，固也，爲强固也。

8.098　膝(xī)，伸也，可屈伸也。

8.099　脚(jiǎo)，却也，以其坐時却在後也。

8.100　脛(jìng)，莖也，直而長似物莖也。

---

① 該條與 "尻" 條原接排，中間無空格，畢沅認爲 "樞" 前當有 "又樞也" 三字。

8. 101　膝頭曰膞(zhuǎn)。膞,圍也[①],因形團圜而名
　　　　之也[②]。

8. 102　或曰蹁(pián)。蹁,扁也,亦因形而名之也。

8. 103　足(zú),續也,言續脛也。

8. 104　趾(zhǐ),止也,言行一進一止也。

8. 105　蹄(tí),底也,足底也[③]。

8. 106　踝(huái),碻也,居足兩旁,磽确然也。亦因其形踝
　　　　踝然也。

8. 107　足後曰跟(gēn),在下旁著地,一體任之,象木
　　　　根也。

8. 108　踵(zhǒng)[④],鍾也;鍾,聚也,上體之所鍾聚也。

---

① 圍,王刻本作"團",當是。
② 團圜,王刻本作"團"。
③ 底本"足底也"前空另起。
④ 該條以"又謂之踵"承"跟"下。

# 釋名卷第三

劉熙字成國撰

釋姿容第九　釋長幼第十　釋親屬第十一

## 釋姿容第九

9.001　姿(zī)，資也；資，取也，形貌之稟，取爲資本也。

9.002　容(róng)，用也，合事宜之用也。

9.003　妍(yán)，研也，研精於事宜，則無蚩繆也。

9.004　蚩(chī)，癡也[①]。

9.005　兩脚進曰行(xíng)。行，抗也，抗足而前也。

9.006　徐行曰步(bù)。步，捕也，如有所伺捕，務安詳也。

9.007　疾行曰趨(qū)。趨，赴也，赴所至也[②]。

9.008　疾趨曰走(zǒu)。走，奏也，促有所奏至也。

9.009　奔(bēn)，變也，有急變奔赴之也。

9.010　仆(pū)，踣也，頓踣而前也。

9.011　超(chāo)，卓也，舉脚有所卓越也。

9.012　跳(tiào)，條也，如草木枝條務上行也。

9.013　立(lì)，林也，如林木森然各駐其所也。

---

①　該條原與上條"妍"接排，無空格，王刻本亦另起。

②　至，王刻本作"期"。

9.014　騎(qí),支也,兩脚枝別也。

9.015　乘(chéng),陞也,登亦如之也。

9.016　載(zài),載也,在其上也①。

9.017　擔(dān)②,任也,任力所勝也。

9.018　負(fù),背也,置項背也。

9.019　駐(zhù),株也,如株木不動也。

9.020　坐(zuò),挫也,骨節挫屈也。

9.021　伏(fú),覆也。

9.022　偃(yǎn),安也③。

9.023　僵(jiāng),正直畺然也。

9.024　側(zè),逼也。

9.025　據(jù),居也。

9.026　企(qǐ),啟開也。目延竦之時,諸機樞皆開張也④。

9.027　竦(sǒng),從也,體皮皆從引也⑤。

9.028　視(shì),是也,察是非也。

9.029　聽(tīng),靜也,靜然後所聞審也。

9.030　觀(guān),翰也,望之延頸翰翰也。

---

① 載也在其上也,王刻本作"戴也,戴在其上也"。
② 擔,畢沅認爲當作"儋"。
③ 該條原與上條"伏"接排,無空格,王刻本亦另起。
④ 該條王刻本作"企,啟也。啟,開也,言自延竦之時,樞機皆開張也"。
⑤ 皮,王刻本作"支"。

9.031　望(wàng)，茫也，遠視茫茫也。

9.032　跪(guì)，危也，兩膝隱地，體危倪也①。

9.033　跽(jì)，忌也，見所敬忌，不敢自安也。

9.034　拜(bài)，於丈夫爲跌，跌然屈折下就地也；於婦人爲扶，自抽扶而上下也。

9.035　攀(pān)，翻也，連翻上及言也②。

9.036　掣(chè)，制也，制頓之使順己也。

9.037　牽(qiān)，弦也，使弦急也。

9.038　引(yǐn)，演也，徒演廣也③。

9.039　掬(jū)，局也，使相局近也。

9.040　撮(cuō)，捽也，暫捽取之也④。

9.041　摣(zhā)，叉也，五指俱往也⑤。

9.042　捉(zhuō)，捉也⑥，使相促及也。

9.043　執(zhí)，攝也，使畏攝己也。

9.044　拈(niān)，黏也，兩指翕之，黏著不放也。

9.045　扺(chì)，鐵也，其處皮薰黑色如鐵也。

---

① 倪，王刻本作“睨”。
② “言”前王刻本有“之”字。
③ 徒，王刻本作“使”是。
④ 暫，王刻本作“擊”。
⑤ 俱往也，王刻本作“俱往叉取也”。
⑥ 捉，王刻本作“促”是。

9.046　蹋(tà),蹋也[1],榻著地也。

9.047　批(pī),裨也,兩相裨助,共擊之也。

9.048　搏(bó),博也,四指廣博,亦似擊之也[2]。

9.049　挾(xié),夾也,在旁也。

9.050　捧(pěng),逢也,兩手相逢以執之也。

9.051　懷(huái),回也,本有去意,回來就己也。亦言歸也,
　　　　來歸己也。

9.052　抱(bào),保也,相親保也。

9.053　戴(dài),載也,載之於頭也。

9.054　提(tí),地也,臂垂所持近地也。

9.055　挈(qiè),結也;結,束也,束持之也。

9.056　持(chí),跱也,跱之於手中也。

9.057　操(cāo),抄也,手出其下之言也。

9.058　攬(lǎn),斂也,斂置手中也。

9.059　擁(yōng),翁也,翁撫之也。

9.060　撫(fǔ),敷也,敷手以拍之也。

9.061　拍(pāi),搏也,手搏其上也[3]。

9.062　摩娑(mósuō),猶末殺也,手上下之言也。

---

① 蹋,畢沅疑或當作"遝"。

② 似,王刻本作"以"。

③ 手,王刻本作"以手"。

9.063　蹙(cù)，遵也[1]，遵迫之也。

9.064　踐(jiàn)，殘也，使殘壞也。

9.065　踖(jí)，藉也，以足藉也。

9.066　履(lǚ)，以足履之，因以名之也。

9.067　蹈(dǎo)，道也，以足踐之，如道路也。

9.068　跐(cǐ)，弭也，足踐之使弭服也。

9.069　躡(niè)，懾也，登其上使懾服也。

9.070　匍匐(púfú)，小兒時也。匍，猶捕也，藉索可執取之言也。匐，伏也，伏地行也。人雖長大，及其求事盡力之勤，猶亦稱之。《詩》曰："凡民有喪，匍匐救之。" 是也。

9.071　偃(yǎn)，蹇也，偃息而臥不執事也[2]。

9.072　蹇(jiǎn)，跛蹇也，病不能作事，今託病似此而不宜執事役也。

9.073　望佯(wàngyáng)[3]，佯，陽也，言陽氣在上，舉頭高似若望之然也。

9.074　沐(mù)，禿也。沐者髮下垂，禿者無髮，皆無上貌之稱也。

9.075　卦賣(guàmài)，卦，掛也，自掛於市而自賣邊，自可

---

①　遵，王刻本作 "遒"，下 "遵" 同。"蹙、遵" 音不近。

②　該條與下條，王刻本作一條：偃蹇：偃，偃息而臥不執事也。蹇，跛蹇也，病不能作事，今託病似此也。

③　佯，畢沅認爲當作 "羊"，"佯" 非是。下 "佯" 字同。

無慙色,言此似之也。

9.076　倚簁(yǐshāi),倚,伎也;簁,作清簁也。言人多技巧,
　　　　尚輕細如簁也。

9.077　寠數(jùshǔ),猶局縮,皆小意也。

9.078　齧掣(nièchè),掣,卷掣也;齧,噬齧也。語説卷掣,
　　　　與人相持齧也。

9.079　衇摘(màizhāi),猶讅摘也,如醫别人衇,知疾之意,
　　　　見事者之稱也。

9.080　貸駴(dàiái)者,貸言以物貸予,駴者言必棄之不復
　　　　得也,不相量事者之稱也。此皆見於形貌者也。

9.081　臥(wò),化也,精氣變化,不與覺時同也。

9.082　寐(mèi),謐也,静謐無聲也。

9.083　寢(qǐn),權假臥之名也。寢,侵也,侵損事功也。

9.084　眠(mián),泯也,無知泯泯也。

9.085　覺(jué),告也。

9.086　寤(wù),忤也,能與物相接忤也。

9.087　欠(qiàn),嶔也[1],開張其口聲脣嶔嶔也[2]。

9.088　嚔(tì),踦也[3],聲作踦而出也。

9.089　笑(xiào),鈔也,頰皮上鈔者也。

---

① 嶔,王刻本作"欽"。下二"嶔"字同。

② 聲,王刻本無。

③ 踦,王刻本作"疐"。下"踦"字同。

# 釋長幼第十

10.001　人始生曰嬰兒(yīng'ér)。胸前曰嬰,抱之嬰前,
乳養之也。或曰嬰婗(yīní),嬰,是也,言是人也;婗,
其啼聲也,故因以名之也。

10.002　男(nán),任也,典任事也。

10.003　女(nǚ),如也,婦人外成如人也。故三從之義,少
如父教,嫁如夫命,老如子言。青、徐州曰娪(wù)。娪,
忤也,始生時,人意不喜,忤忤然也。

10.004　兒始能行曰孺(rú)[①]。孺,濡也,言濡弱也。

10.005　七年曰悼(dào)。悼,逃也,知有廉恥,隱逃其情
也。亦言是時而死,可傷悼也。

10.006　毀齒曰齔(chèn)。齔,洗也,毀洗故齒,更生新也。

10.007　長丁丈反(zhǎng),萇也,言體萇也。

10.008　幼(yòu),少也,言生日少也。

10.009　十五曰童(tóng),故《禮》有陽童。牛羊之無角者
曰童,山無草木曰童。言未巾冠似之也。女子之未笄
者亦稱之也。

10.010　二十曰弱(ruò),言柔弱也。

10.011　三十曰壯(zhuàng),言丁壯也。

---

① 孺,王刻本作"孺子"。

10.012　四十曰强(qiáng)，言堅强也。

10.013　五十曰艾(ài)。艾，治也①。治事能斷割芟刈，無所疑也。

10.014　六十曰耆(qí)。耆，指也，不從力役，指事使人也。

10.015　七十曰耄(mào)，頭髮白耄耄然也。

10.016　八十曰耋(dié)。耋，鐵也，皮膚變黑，色如鐵也。

10.017　九十曰鮐背(táibèi)，背有鮐文也。或曰黄耇(huánggǒu)，鬢髮變黄也，耇，垢也，皮色驪悴，恆如有垢者也。或曰胡耇(húgǒu)，咽皮如雞胡也。或曰凍梨(dònglí)，皮有班黑②，如凍梨色也。或曰齯齯(ní ní)③，大齒落盡，更生細者，如小兒齒也。

10.018　百年曰期頤(qīyí)，頤，養也，老昏不復知服味善惡，孝子期於盡養道而已也。

10.019　老(lǎo)，朽也。老而不死曰仙(xiān)。仙，遷也，遷入山也，故其制字人旁作山也。

---

① 艾治也，王刻本作"艾，乂也；乂，治也"。
② 黑，王刻本作"點"。
③ 齯齯，王刻本作"齯齒"。

# 釋親屬第十一

11.001　親(qīn)，襯也，言相隱襯也。

11.002　屬(shǔ)，續也，恩相連續也。

11.003　父(fù)，甫也，始生己也。

11.004　母(mǔ)，冒也，含生己也。

11.005　祖(zǔ)，祚也，祚物先也。又謂之王父(wángfù)。王，暀也，家中所歸暀也。王母(wángmǔ)亦如之。

11.006　曾祖(zēngzǔ)，從下推上，祖位轉增益也。

11.007　高祖(gāozǔ)，高，臯也，最在上，臯韜諸下也。

11.008　兄(xiōng)，荒也；荒，大也。故青、徐人謂兄爲荒也。

11.009　弟(dì)，弟也，相次第而上也①。

11.010　子(zǐ)，孳也，相生蕃孳也。

11.011　孫(sūn)，遜也，遜遁在後生也。

11.012　曾孫(zēngsūn)，義如曾祖也。

11.013　玄孫(xuánsūn)，玄，懸也②，上懸於高祖，最在下也。

11.014　玄孫之子曰來孫(láisūn)。此在無服之外，其意疏

---

① 第，王刻本作“弟”。

② 懸，王刻本作“縣”。下“懸”字同。

遠,呼之乃來也。

11.015　來孫之子曰昆孫(kūnsūn)。昆,貫也,恩情轉遠,
以禮貫連之耳。

11.016　昆孫之子曰仍孫(réngsūn),以禮仍有之耳,恩意
實遠也。

11.017　仍孫之子曰雲孫(yúnsūn),言去己遠,如浮雲也。
皆爲早娶、晚死、壽考者言也。

11.018　父之兄曰世父(shìfù),言爲嫡統繼世也。又曰伯
父(bófù)。伯,把也,把持家政也。

11.019　父之弟曰仲父(zhòngfù)。仲,中也,位在中也。

11.020　仲父之弟曰叔父(shūfù)。叔,少也。

11.021　叔之弟曰季父(jìfù)①。季,癸也,甲乙之次,癸最
在下,季亦然也。

11.022　父之世叔父母曰從祖父母(cóngzǔfùmǔ),言從己
親祖別而下也。亦言隨從己祖以爲名也。

11.023　父之姊妹曰姑(gū)。姑,故也,言於己爲久故之
人也。

11.024　姊(zǐ),積也,猶日始出,積時多而明也。

11.025　妹(mèi),昧也,猶日始入,歷時少尚昧也。

11.026　姑謂兄弟之女爲姪(zhí)。姪,迭也,共行事夫,更
迭進御也。

---

① 叔,王刻本作“叔父”是。

11.027　夫之父曰舅(jiù)。舅，久也，久老稱也。

11.028　夫之母曰姑(gū)，亦言故也。

11.029　母之兄弟曰舅(jiù)，亦如之也。

11.030　妻之父曰外舅(wàijiù)，母曰外姑(wàigū)，言妻從外來，謂至己家爲婦，故反以此義稱之，夫妻匹敵之義也。

11.031　妻之昆弟曰外甥(wàishēng)，其姊妹女也，來歸己，內爲妻，故其男爲外甥之甥①。甥者，生也，他姓子本生於外，不得如其女來在己內也。

11.032　姊妹之子曰出(chū)，出嫁於異姓而生之也。

11.033　出之子曰離孫(lísūn)，言遠離己也。

11.034　姪之子曰歸孫(guīsūn)。婦人謂嫁曰歸，姪子列，故其所生爲孫也。

11.035　妻之姊妹曰娣(dì)②。娣，弟也，言與己妻相長弟也。

11.036　母之姊妹曰姨(yí)，亦如之。禮謂之從母(cóngmǔ)。爲娣而來，則從母列也，故雖不來，猶以此名之也。

11.037　姊妹互相謂夫曰私(sī)，言於其夫兄弟之中，此人與己姊妹有恩私也。

---

① 外甥之甥，王刻本作“外姓之甥”。

② 娣，畢沅由下文“母之姊妹曰姨亦如之”推當作“姨”，故王刻本作“姨”。下“姨”字同。

11.038　舅謂姊妹之子曰甥(shēng)。甥,亦生也,出配他男而生,故其制字男旁作生也。

11.039　妾謂夫人之嫡妻曰女君(nǔjūn)<sup>①</sup>,夫爲男君,故名其妻曰女君也。

11.040　嫂(sǎo),叟也。叟,老者稱也。叟,縮也,人及物老皆縮小於舊也。

11.041　叔(shū),少也,幼者稱也。叔亦俶也,見嫂俶然却退也。

11.042　夫之兄曰公(gōng)。公,君也;君,尊稱也。

11.043　俗間曰兄章(xiōngzhāng)<sup>②</sup>。章,灼也,章灼敬奉之也。又曰兄忪(xiōngzhōng)<sup>③</sup>,是己所敬,見之恓忡<sup>④</sup>,自肅齊也。俗或謂舅曰章(zhāng),又曰忪(zhōng),亦如之也。

11.044　少婦謂長婦曰姒(sì),言其先來,己所當法似也。

11.045　長婦謂少婦曰娣(dì)。娣,弟也,己後來也。或曰先後(xiānhòu),以來先後言之也<sup>⑤</sup>。

11.046　青、徐人謂長婦曰稙長(zhízhǎng)。禾苗先生者曰稙,取名於此也。荆、豫人謂長婦曰熟(shú)<sup>⑥</sup>。熟,祝也;

---

① 夫人,王刻本作“夫”。
② 該條王刻本與上條合一,是。
③ 忪,王刻本作“伀”。下“忪”字同。
④ 忡,王刻本作“伀”。
⑤ 言,王刻本作“弟”。
⑥ 熟,王刻本作“孰”。下“熟”字同。

祝,始也。

11.047　兩婿相謂曰亞(yà),言一人取姊、一人取妹,相亞次也。又並來至女氏門,姊夫在前,妹夫在後,亦相亞而相倚,共成其禮也①。又曰友婿(yǒuxù),言相親友也。

11.048　婦之父曰婚(hūn),言婚親迎用昏,又恆以昏夜成禮也。

11.049　婿之父曰姻(yīn)。姻,因也,女往因媒也。

11.050　天子之妃曰后(hòu)。后,後也,言在後不敢以副言也。

11.051　諸侯之妃曰夫人(fūrén)。夫,扶也,扶助其君也。

11.052　卿之妃曰内子(nèizǐ)。子,女子也,在閨門之内治家也。

11.053　大夫之妃曰命婦(mìngfù)。婦,服也,服家事也。夫受命於朝,妻受命於家也。

11.054　士庶人曰妻(qī)。妻,齊也,夫賤不足以尊稱,故齊等言也。

11.055　天子妾有嬪(pín)。嬪,賓也,諸妾之中見賓敬也。

11.056　妾(qiè),接也,以賤見接幸也。姪娣曰媵(yìng)。媵,承事嫡也②。

---

① 而相倚共成其禮也,王刻本作"也"。
② 承事嫡也,王刻本作"承也,承事嫡也"。

11.057　配(pèi)，輩也，一人獨處，一人往輩耦之也。

11.058　匹(pǐ)，辟也，往相辟耦也。耦，遇也，二人相對遇也。

11.059　嫡(dí)，敵也，與匹相敵也。

11.060　庶(shù)，摭也，拾摭之也，謂拾摭微陋待遇之也。

11.061　無妻曰鰥(guān)。鰥，昆也；昆，明也。愁悒不寐，目恆鰥鰥然也。故其字從魚，魚目恆不閉者也。

11.062　無夫曰寡(guǎ)。寡，踝也，踝踝單獨之言也。

11.063　無父曰孤(gū)。孤，顧也，顧望無所瞻見也。

11.064　老而無子曰獨(dú)。獨，隻獨也，言無所依也。

# 釋名卷第四

釋言語第十二　　釋飲食第十三
釋采帛第十四<sup>①</sup>　釋首飾第十五

## 釋言語第十二

12.001　道(dào)，導也，所以通導萬物也。

12.002　德(dé)，得也，得事宜也。

12.003　文(wén)者，會集衆綵以成錦繡<sup>②</sup>，會集衆字以成
　　　　辭義<sup>③</sup>，如文繡然也。

12.004　武(wǔ)，舞也，征伐動行，如物鼓舞也。故《樂記》
　　　　曰："發揚蹈厲，太公之志也。"

12.005　仁(rén)，忍也，好生惡殺，善含忍也。

12.006　義(yì)<sup>④</sup>，宜也，裁制事物，使合宜也。

12.007　禮(lǐ)，體也，得事體也。

12.008　智(zhì)，知也，無所不知也。

12.009　信(xìn)，申也，言以相申束，使不相違也。

---

① 采，釋名目録作"綵"。
② 綵，王刻本作"采"。
③ 辭義，王刻本作"詞誼"。
④ 義，王刻本作"誼"。

12.010　孝(xiào),好也,愛好父母,如所悦好也①。《孝經
　　　　説》曰:"孝,畜也,畜養也。"

12.011　慈(cí),字也。字,愛物也。

12.012　友(yǒu),有也,相保有也。

12.013　恭(gōng),拱也,自拱持也。亦言供給事人也。

12.014　悌(tì),弟也。

12.015　敬(jìng),警也,恆自肅警也。

12.016　慢(màn),漫也,漫漫心無所限忌也。

12.017　通(tōng),洞也,無所不貫洞也。

12.018　達(dá),徹也。

12.019　敏(mǐn),閔也,進敘無否滯之言也,故汝、潁言敏
　　　　曰閔也②。

12.020　篤(dǔ),築也。築,堅實稱也。

12.021　厚(hòu),後也,有終後也,故青、徐人言厚曰後也③。

12.022　薄(bó),迫也,單薄相逼迫也。

12.023　懿(yì),優也,言奧優也。

12.024　良(liáng),量也,量力而動,不敢越限也。

12.025　言(yán),宣也,宣彼此之意也。

12.026　語(yǔ),敘也,敘己所欲説也。

---

① 悦,王刻本作"説"。
②③ 曰,王刻本作"如"。

12.027　説(shuō)，述也，序述之也①。

12.028　序(xù)，抒也，拽抒其實也。

12.029　抴(yè)，泄也，發泄出之也。

12.030　發(fā)，撥也，撥使開也。

12.031　撥(bō)，播也，播使移散也。

12.032　導(dǎo)，陶也，陶演己意也。

12.033　演(yǎn)，延也，言蔓延而廣也。

12.034　頌(sòng)，容也，敍説其成功之形容也。

12.035　讚(zàn)，録也，省録之也。

12.036　銘(míng)，名也，記名其功也。

12.037　勒(lè)，刻也，刻識之也。

12.038　紀(jì)，記也，記識之也。識(zhì)，幟也，有章幟可按視也。

12.039　視(shì)，是也，察其是非也。

12.040　是(shì)，嗜也，人嗜樂之也。

12.041　非(fēi)，排也，人所惡排去也。

12.042　基(jī)，據也，在下，物所依據也。

12.043　業(yè)，捷也，事捷乃有功業也。

12.044　事(shì)，偉也②，偉立也，凡所立之功也，故青、徐

---

① 序述之，王刻本作“宣述人意”。
② 偉，王刻本作“傳”。下二“偉”字同。

人言立曰偉也。

12.045　功(gōng)，攻也，攻治之乃成也。

12.046　取(qǔ)，趣也。

12.047　名(míng)，明也，名實事使分明也①。

12.048　號(hào)，呼也，以其善惡呼名之也。

12.049　善(shàn)，演也，演盡物理也。

12.050　惡(è)，扼也，扼困物也。

12.051　好(hǎo)，巧也，如巧者之造物，無不皆善，人好之也。

12.052　醜(chǒu)，臭也，如臭穢也②。

12.053　遲(chí)，頹也，不進之言也。

12.054　疾(jí)，截也，有所越截也。

12.055　緩(huǎn)，浣也，斷也，持之不急則動搖浣斷，自放縱也。

12.056　急(jí)，及也，操切之使相逮及也。

12.057　巧(kǎo)，考也，考合異類，共成一體也。

12.058　拙(zhuō)，屈也，使物否屈不爲用也。

12.059　燥(zào)，燋也③。

---

① 王刻本無"事"字。
② 如臭穢，王刻本作"如物臭穢"。
③ 燋，王刻本作"焦"。

12. 060　濕(shī)，湆也。

12. 061　彊(qiáng)，疆也。

12. 062　弱(ruò)，衄也。言委也[①]。

12. 063　能(néng)，該也，無物不兼該也。

12. 064　否(pǐ)，鄙也，鄙劣不能有所堪成也。

12. 065　躁(zào)，燥也，物燥乃動而飛揚也。

12. 066　靜(jìng)，整也。

12. 067　逆(nì)，遌也，不從其理[②]，則生殿遌不順也。

12. 068　順(shùn)，循也，循其理也。

12. 069　清(qīng)，青也，去濁遠穢，色如青也。

12. 070　濁(zhuó)，瀆也，汁滓演瀆也。

12. 071　貴(guì)，歸也，物所歸仰也。汝、潁言貴，聲如歸往之歸也。

12. 072　賤(jiàn)，踐也，卑下見踐履也。

12. 073　榮(róng)，猶熒也，熒熒，照明貌也。

12. 074　辱(rǔ)，衄也，言折衄也。

12. 075　禍(huò)，毀也，言毀滅也。

12. 076　福(fú)，富也，其中多品如富者也。

---

① 言委也，王刻本作"又言委也"。
② "不從其理"前底本空，應是漏"遌"字。

12.077　進(jìn)，引也，引而進也①。

12.078　退(tuì)，墜也。

12.079　羸(léi)，累也，恆累於人也。

12.080　健(jiàn)，建也，能有所建爲也。

12.081　哀(āi)，愛也，愛乃思念之也。

12.082　樂(lè)，樂也，使人好樂之也。

12.083　委(wěi)，萎也，萎蕤就之也。

12.084　曲(qū)，局也，相近局也。

12.085　蹤(zōng)，從也，人形從之也。

12.086　跡(jì)，積也，積累而前也。

12.087　扶(fú)，傅也，傅近之也。將(jiāng)，救護之也。

12.088　縛(fù)，薄也，使相薄著也。

12.089　束(shù)，促也，相促近也。

12.090　覆(fù)，孚也，如孚甲之在物外也。

12.091　蓋(gài)，加也，加物上也。

12.092　威(wēi)，畏也，可畏懼也。

12.093　嚴(yán)，儼也，儼然人憚之也。

12.094　政(zhèng)，正也，下所取正也。

12.095　教(jiào)，傚也，下所法傚也。

---

① 進，王刻本作"前"。

12.096　侍(shì)，時也，尊者不言，常於時供所當進者也。

12.097　御(yù)，語也，尊者將有所欲，先語之也。亦言職卑，尊者所勒御，如御牛馬然也。

12.098　雅(yǎ)，雛也，爲之難，人將爲之，雛雛然憚之也。

12.099　俗(sú)，欲也，俗人所欲也。

12.100　艱(jiān)，根也，如物根也。

12.101　難(nán)，憚也，人所忌憚也。

12.102　吉(jí)，實也，有善實也。

12.103　凶(xiōng)，空也，就空亡也。

12.104　停(tíng)，定也，定於所在也。

12.105　起(qǐ)，啟也，啟一舉體也。

12.106　翱(áo)，敖也，言敖遊也。

12.107　翔(xiáng)，佯也，言仿佯也。

12.108　出(chū)，推也，推而前也。

12.109　入(rù)，納也①，納使還也。

12.110　候(hòu)，護也，司護諸事也。

12.111　望(wàng)，惘也，視遠惘惘也。

12.112　狡(jiǎo)，交也，與物交錯也。

12.113　夬(guài)，決也，有所破壞，決裂之於終始也。

---

① 納，王刻本作“内”。下“納”字同。

12.114　始(shǐ),息也,言滋息也。

12.115　消(xiāo),削也,言減削也。

12.116　息(xī),塞也,塞滿也<sup>①</sup>。

12.117　姦(jiān),奸也,言奸正法也。

12.118　宄(guǐ),佹也,佹易常正也。

12.119　誰(shuí),相也<sup>②</sup>,有相擇,言不能一也。

12.120　往(wǎng),眰也,歸眰於彼也,故其言之於卬頭以指遠也。

12.121　來(lái),哀也,使來入己哀之,故其言之低頭以招之也。

12.122　麤(cū),錯也,相遠之言也。

12.123　納(nà)<sup>③</sup>,弸也,弸弸兩致之言也。

12.124　疏(shū),索也,獲索相遠也。

12.125　密(mì),蜜也,如蜜所塗,無不滿也。

12.126　甘(gān),含也,人所含也。

12.127　苦(kǔ),吐也,人所吐也。

12.128　安(ān),晏也,晏晏然和喜無動懼也。

12.129　危(wēi),阢也,阢阢不固之言也。

---

① 塞滿也,王刻本作"言物滋息塞滿也"。
② 相,王刻本作"推"。下"相"字同。
③ 此篇皆兩兩相對,"納"當爲"細"之譌。

12. 130　成(chéng),盛也。

12. 131　敗(bài),潰也。

12. 132　亂(luàn),渾也。

12. 133　治(zhì),值也,物皆值其所也。

12. 134　煩(fán),繁也,物繁則相雜撓也。

12. 135　省(shěng),嗇也,曜嗇約少之言也[①]。

12. 136　間(jiàn),簡也,事功簡省也。

12. 137　劇(jù),巨也,事功巨也。

12. 138　貞(zhēn),定也,精定不動惑也。

12. 139　淫(yín),浸也,浸淫旁人之言也。

12. 140　沈(chén),澹也,澹然安著之言也。

12. 141　浮(fú),孚也,孚甲在上稱也。

12. 142　貪(tān),探也,探入他分也[②]。

12. 143　廉(lián),歛也,自檢歛也。

12. 144　潔(jié),確也,確然不群貌也。

12. 145　污(wū),洿也,如洿泥也。

12. 146　公(gōng),廣也,可廣施也。

12. 147　私(sī),恤也,所恤念也。

12. 148　勇(yǒng),踊也,遇敵踊躍,欲擊之也。

---

① 嗇也曜嗇約少之言也,王刻本作"瘦也,曜瘦約少之言也"。

② 探,王刻本作"探取"。

12. 149　怯(qiè),脅也,見敵恐脅也。

12. 150　斷(duàn),段也,分爲異段也。

12. 151　絶(jué),截也,如割截也。

12. 152　罵(mà),迫也,以惡言被迫人也。

12. 153　詈(lì),歷也,以惡言相彌歷也。亦言離也,以此掛離之也。

12. 154　祝(zhù),屬也,以善惡之詞相屬著也。

12. 155　詛(zǔ),阻也,使人行事阻限於言也。

12. 156　盟(méng),明也,告其事於神明也。

12. 157　誓(shì),制也,以拘制之也。

12. 158　佐(zuǒ),左也,在左右也。

12. 159　助(zhù),乍也,乍往相助,非長久也。

12. 160　飾(shì),拭也,物穢者拭其上使明,由他物而後明,猶加文於質上也。

12. 161　蕩(dàng),盪也,排盪去穢垢也。

12. 162　啜(chuò),惙也,心有所念,惙然發此聲也。

12. 163　嗟(jiē),佐也,言之不足以盡意,故發此聲以自佐也。

12. 164　噫(yī),憶也,憶念之,故發此聲憶之也[①]。

---

① 憶,王刻本作“噫”。

12.165　嗚(wū)，舒也，氣憤滿①，故發此聲以舒寫之也。

12.166　念(niàn)，黏也，意相親愛，心黏著不能忘也。

12.167　憶(yì)，意也，恆在意中也。

12.168　思(sī)，司也，凡有所司捕，必靜，思忖亦然也。

12.169　克(kè)，刻也，刻物有定處，人所克念有常心也。

12.170　慮(lǜ)，旅也；旅，衆也。《易》曰："一致百慮。"慮及衆物，以一定之也。

---

① 滿，王刻本作"懣"。

# 釋飲食第十三

13.001　飲(yǐn)，奄也，以口奄而引咽之也。

13.002　食(shí)，殖也，所以自生殖也。

13.003　啜(chuò)，絕也，乍啜而絕於口也。

13.004　湌(cān)，乾也，乾入口也。

13.005　吮(shǔn)，循也，不絕口，稍引滋汋，循咽而下也。

13.006　嗽(sòu)，促也，用口急促也。

13.007　含(hán)，合也，合口停之也①。銜(xián)亦然也。

13.008　咀(jū)，藉也，以藉齒牙也。

13.009　嚼(jué)，削也，稍削也。

13.010　鳥曰啄(zhuó)，如啄物上復下也。

13.011　獸曰齧(niè)。齧，齾也，所臨則禿齾也。

13.012　餅(bǐng)，并也，溲麫使合并也。

13.013　胡餅(húbǐng)，作之大漫沍也。亦言以胡麻著上
　　　　也。蒸餅(zhēngbǐng)、湯餅(tāngbǐng)、蝎餅(xiēbǐng)、
　　　　髓餅(suǐbǐng)、金餅(jīnbǐng)、索餅(suǒbǐng)之屬，皆
　　　　隨形而名之也。

13.014　糝(sǎn)，敒也②，相黏敒也。

---

① 停，王刻本作"亭"。
② 敒，王刻本作"黏"。

13.015　餌(ěr)，而也，相黏而也。

13.016　兖、豫曰溏浹(tángjiā)，就形名之也。

13.017　餈(cí)，漬也，丞燥屑使相潤漬餅之也①。

13.018　饙(fēn)，分也，眾粒各自分也。

13.019　飧(sūn)，散也，投水於中解散也。

13.020　嘆(tàn)②，汪也，汁汪郎也。

13.021　膈(hè)③，蒿也，香氣蒿蒿也。

13.022　糜(mí)，煮米使糜爛也。

13.023　粥(zhōu)，濯於糜④，粥粥然也。

13.024　漿(jiāng)，將也，飲之，寒溫多少與體相將順也。

13.025　湯(tāng)，熱湯湯也。

13.026　酪(luò)，澤也，乳作汁，所使人肥澤也⑤。

13.027　虀(jī)，濟也，與諸味相濟成也。

13.028　菹(zū)，阻也，生釀之遂使阻於寒溫之間，不得爛也。

13.029　鍮(tóu)，投也，味相投成也。

---

① 丞，當作“烝”。

② 嘆，畢沅認爲當作“羹”。

③ 膈，王刻本作“腌”。

④ 濯，王刻本作“濁”。

⑤ 乳作汁所，王刻本作“乳汁所作”。

13.030　醢(hǎi)，海也，冥也①，封塗使密冥乃成也。醢多
　　　　汁者曰醯(xī)②。醯，瀋也，宋、魯人皆謂汁爲瀋(shěn)。
　　　　醢有骨者曰臡如矶反(ní/rì)。臡，胒也，骨肉相搏胒無
　　　　汁也。

13.031　豉(chǐ)，嗜也，五味調和須之而成，乃可甘嗜也，
　　　　故齊人謂豉聲而嗜也。

13.032　麴(qū)，朽也，鬱之使生衣朽敗也。

13.033　糵(niè)，缺也，漬麥覆之，使生牙開缺也。

13.034　鮓(zhǎ)，也③，以鹽米釀之如菹④，熟而食之也。

13.035　腊(xī)，乾昔也。

13.036　脯(fǔ)，搏也，乾燥相搏著也。又曰脩(xiū)。脩，
　　　　縮也，乾燥而縮也。

13.037　膊(pò)，迫也，薄椓肉迫著物使燥也。

13.038　膾(kuài)，會也，細切肉令散，分其赤白異切之，已
　　　　乃會合和之也。

13.039　炙(zhì)，炙也，炙於火上也。

13.040　脯炙(fǔzhì)，以餳蜜豉汁淹之，脯脯然也。

13.041　釜炙(fǔzhì)，於釜汁中和熟之也。

---

① 海也冥也，王刻本作“晦也；晦，冥也”
② 醯，王刻本作“監”。下“醯”字同。
③ “也”前缺釋語，畢沅云今本作“滓”，據《廣韻》《御覽》引改作
　　“菹”。
④ 以鹽米釀之如菹，王刻本作“以鹽米釀魚以爲菹”。

13.042　䐹(hàn)，銜也。銜炙(xiánzhì)，細密肉和以薑椒鹽豉，已乃以肉銜裹其表而炙之也。

13.043　貊炙(mòzhì)，全體炙之，各自以刀割，出於胡貊之爲也。

13.044　膾(kuài)，細切豬羊馬肉使如膾也。

13.045　生脡(shēngshān)，以一分膾二分細切，合和挺攪之也。

13.046　血䐹(xuèhàn)，以血作之，增其酢豉之味，使若苦以消酒也<sup>①</sup>。

13.047　膏饡(gāozàn)<sup>②</sup>，消膏而加菹其中，亦以消酒也。

13.048　生渝蔥薤曰兌(duì)，言其柔滑兌兌然也。

13.049　韓羊(hányáng)、韓兔(hántù)、韓雞(hánjī)，本法出韓國所爲也，猶酒言宜成醪、蒼梧清之屬也。

13.050　膗(ào)，奧也，藏肉於奧内，稍出用之也。

13.051　脬(pāo)，赴也，夏月赴疾作之，久則臭也。

13.052　分乾(fēngān)，切豬肉以梧，分乾其中而和之也。

13.053　肺腜(fèisǔn)<sup>③</sup>，腜，饡也，以米糝之如膏饡也。

13.054　雞纖(jīxiān)，細擘其腊令纖，然後漬以酢也。兔纖(tùxiān)亦如之。

---

① 若，王刻本作“甚”。
② 膏饡，原闕，據下文及畢沅《釋名疏證》補。
③ 畢沅認爲“腜”乃“胹”之俗譌字。

13.055　餳(xíng)，洋也，煮米消爛洋洋然也。

13.056　飴(yí)，小弱於餳，形怡怡也。

13.057　餔(bǔ)，餔也，如餳而濁可餔也<sup>①</sup>。

13.058　酒(jiǔ)，酉也，釀之米麴酉釋，久而味美也。亦言
　　　　踧也，能否皆彊相踧待飲之也。又入口咽之，皆踧其
　　　　面也。

13.059　緹齊(tíjì)，色赤如緹也。

13.060　盎齊(àngjì)，盎<sup>②</sup>，滃滃然濁色也。

13.061　汎齊(fànjì)，浮蟻在上汎汎然也。

13.062　沉齊(chénjì)，濁滓沉下，汁清在上也。

13.063　醴齊(lǐjì)，醴，禮也，釀之一宿而成禮，有酒味而
　　　　已也。

13.064　醳酒(yìjiǔ)，久釀酉澤也。

13.065　事酒(shìjiǔ)，有事而釀之酒也。

13.066　苦酒(kǔjiǔ)，淳毒甚者酢苦也。

13.067　寒粥(hánzhōu)，末稻米投寒水中，育育然也。

13.068　干飯(gānfàn)，飯而暴乾之也。

13.069　糗(qiǔ)，齲也，飯而磨之<sup>③</sup>，使齲碎也。

---

① 該條王刻本作“餔，餔也，如餳而濁可餔也”。
② 盎，王刻本作“盎，滃也”。
③ 磨，王刻本作“磨散”。

13.070　餱(hóu)，候也，候人飢者以食之也①。煮麥曰麮(qù)②，麮亦齲也，煮熟亦齲壞也。

13.071　奈油(nàiyóu)，搗奈實和以塗繒上，燥而發之，形似油也。柰油亦如之③。

13.072　桃濫(táolàn)，水漬而藏之，其味濫濫然酢也。

13.073　奈脯(nàifǔ)，切奈暴乾之如脯也。

13.074　鮑魚(bàoyú)，鮑，腐也，埋藏奄使腐臭也④。

13.075　蟹胥(xièxū)，取蟹藏之，使骨肉解之胥胥然也。

13.076　蟹虀(xièjī)，去其匡虀熟搗之，令如虀也。

13.077　桃諸(táozhū)，藏桃也。諸，儲也，藏以爲儲，待給冬月用之也。

13.078　瓠蓄(hùxù)，皮瓠以爲脯，蓄積以待冬月時用之也。

---

①　飢，底本作“饑”，據文意改。
②　麮，原作“䴷”，《說文》段注引、王刻本均作“麮”，“麮、齲”音近。下“麮”同。
③　據文例，不當作“奈油”，王刻本改作“杏油”。
④　奄，王刻本作“淹”。

# 釋綵帛第十四

14.001　青(qīng)，生也，象物生時色也。

14.002　赤(chì)，赫也，太陽之色也。

14.003　黃(huáng)，晃也，猶晃晃，象日光色也。

14.004　白(bái)，啟也，如冰啟時色也。

14.005　黑(hēi)，晦也，如晦冥時色也。

14.006　絳(jiàng)，工也，染之難得色，以得色爲工也。

14.007　紫(zǐ)，疵也，非正色，五色之疵瑕以惑人者也。

14.008　紅(hóng)，絳也，白色之似絳者也。

14.009　緗(xiāng)，桑也，如桑葉初生之色也。

14.010　綠(lǜ)，瀏也，荊泉之水，於上視之瀏然綠色，此似之也。

14.011　縹(piǎo)，猶漂漂，淺青色也。有碧縹，有天縹，有骨縹，各以其色所象言之也。

14.012　緇(zī)，滓也，泥之黑者曰滓，此色然也。

14.013　皂(zào)，早也，日未出時，早起視物皆黑，此色如之也。

14.014　布(bù)，布也，布列衆縷爲經，以緯橫成之也。又太古衣皮，女工之始始於是，施布其法，使民盡用之也。

14.015　踈(shū)者，言其經緯踈也。

14.016　絹(juàn)，紸也[1]，其絲紸厚而疎也。

14.017　縑(jiān)，兼也，其絲細緻，數兼於布絹也，細緻染縑爲五色，細且緻不漏水也。

14.018　練(liàn)，爛也，煮使委爛也。

14.019　素(sù)，朴素也，已織則供用，不復加巧飾也[2]。又物不加飾，皆自謂之素，此色然也。

14.020　綈(tí)，似蜥蟲之色，緑而澤也。

14.021　錦(jǐn)，金也，作之用功重，於其價如金，故其制字帛與金也[3]。

14.022　綺(qǐ)，欹也，其文欹邪不順經緯之縱橫也。有杯文，形似杯也；有長命，其綵色相間，皆橫終幅，此之謂也。言長命者，服之使人命長，本造意之意也[4]。有棋文者，方文如棋也。

14.023　綾(líng)，凌也，其文望之如冰凌之理也。

14.024　繡(xiù)，修也，文修修然也。

14.025　羅(luó)，文疏羅也[5]。䌙(xǐ)，筵也，䌙可以筵物也。令辟經絲貫杼中，一間并，一間疏，疏者苓苓然，并者歷辟而密也。

---

① 紸，原譌作"紐"。下"紐"字同。
② 巧，王刻本作"加"。
③ 依例，"帛與金"前似脱"從"字。
④ 造意，王刻本作"造者"。
⑤ 疏羅，王刻本作"羅疏"。

14.026 紡纑絲織之曰疏(shū)。疏,寥也,寥寥然也。

14.027 縠(hú),粟也,其形足足而踧<sup>①</sup>,視之如粟也。又謂沙縠(shāhú)<sup>②</sup>,亦取踧踧如沙也。

14.028 繐(suì),齊人謂涼謂惠<sup>③</sup>,言服之輕細涼惠也。

14.029 紈(wán),渙也<sup>④</sup>,細澤有光,渙渙然也。

14.030 蒸栗(zhēnglì),染紺使黃,色如蒸栗然也。

14.031 紺(gàn),含也,青而含赤色也。

14.032 緜(mián),猶湎湎,柔而無文也。

14.033 綸(lún),倫也,作之有倫理也。

14.034 絮(xù),胥也,胥久故解落也<sup>⑤</sup>。

14.035 紬(chóu),抽也,抽引絲端出細緒也。又謂之絓(guà)。絓,挂也,挂於帳端振舉之也<sup>⑥</sup>。

14.036 繭曰幕(mù)也<sup>⑦</sup>,貧者著衣可以幕絡絮也。或謂之牽離(qiānlí),煮熟爛,牽引使離散,如緜然也。

---

① 足足而踧,王刻本作"戚戚"。下"踧踧"亦作"戚戚",讀迫促之促。
② 又謂沙縠,王刻本作"又謂之沙"。
③ "齊人"前王刻本有"惠也"二字。
④ 渙,王刻本作"煥"。下二"渙"字同。
⑤ 故,王刻本作"能"。
⑥ 帳,王刻本作"杖"。
⑦ 繭曰幕也,王刻本作"煮繭曰莫,莫,幕也"。

# 釋首飾第十五

15. 001　冠(guān)，貫也，所以貫韜髮也。

15. 002　纓(yīng)，頸也，自上而繫於頸也[1]。

15. 003　笄(jī)，係也，所以係冠使不墜也。

15. 004　祭服曰冕(miǎn)，冕，猶俛也；俛，平直貌也。亦言
文也，玄上纁下，前後垂珠，有文飾也。

15. 005　有袞冕(gǔnmiǎn)，袞，卷也，畫卷龍於衣也。

15. 006　有鷩冕(bìmiǎn)，鷩，雉之憋惡者，山雞是也[2]。
鷩，憋也。性急憋不可生服必自殺，故畫其形於衣，以
象人執耿介之節也。

15. 007　毳冕(cuìmiǎn)，毳，芮也，畫藻文於衣，象水草之
毳芮，溫暖而潔也。

15. 008　黻冕(fúmiǎn)，黻，紩也，畫黻紩文綵於衣也。此
皆隨衣而名之也，所垂前後珠轉減耳。

15. 009　章甫(zhāngfǔ)，殷冠名也。甫，丈夫也，服之所以
表章丈夫也。

15. 010　牟追(móuduī)，牟，冒也，言其形冒髮追追然也。

15. 011　收(shōu)，夏后氏冠名也，言收斂髮也。

---

① "而"後王刻本有"下"字。

② 鷩雉之憋惡者山雞是也，王刻本作"鷩雉，山雉也"。

15.012　委貌(wěimào),冠形,又委貌之貌[1],上小下大也。

15.013　弁(biàn),如兩手相合抃時也。以爵韋爲之謂之爵弁(juébiàn),以鹿皮爲之謂之皮弁(píbiàn),以韎韋爲之也[2]。

15.014　纚(xǐ),以韜髮者也。以纚爲之,因以爲名。

15.015　總(zǒng),束髮也,總而束之也。

15.016　幘(zé),蹟也,下齊員蹟然也[3]。兑(ruì),上下小大,兑兑然也。或曰顡(liè),顡折其後也。或曰幘,形似幘也。賤者所著曰兑髮(ruìfà),作之裁裹髮也。或曰牛心(niúxīn),形似之也。

15.017　帽(mào),冒也。巾(jīn),謹也。二十成人,士冠,庶人巾,當自謹修於四教也。

15.018　簪(zān),兟也,以兟連冠於髮也。又枝(zhī)也,因形名之也。

15.019　掃(tì),摘也,所以摘髮也。

15.020　導(dǎo),所以導櫟鬢髮,使入巾幘之裏也。或曰櫟鬢(lìbìn),以事名之也。

15.021　鏡(jìng),景也,言有光景也。

15.022　梳(shū),言其齒疏也。數言比,比於疏,其齒差數也。比,言細相比也。

---

① 又委貌之貌,王刻本作"委曲之貌"。

② 也,王刻本作"謂之韋弁也",於文例爲優。

③ 員,王刻本作"眉"。

15. 023　刷(shuā)，帥也，帥髮長短皆令上從也。亦言瑟也，刷髮令上瑟然也。

15. 024　鑷(niè)，攝也，攝取髮也。

15. 025　綃頭(xiāotóu)，綃，鈔也，鈔髮使上從也。或曰陌頭(mòtóu)，言其從後橫陌而前也。齊人謂之帤(yé)，言帤歛髮使上從也[①]。

15. 026　王后首飾曰副(fù)。副，覆也，以覆首。亦言副貳也，兼用眾物成其飾也。

15. 027　編(biān)，編髮爲之，次第髮也。

15. 028　髲(bì)，被也，髮少者得以被助其髮也。

15. 029　髡(qián)[②]，剔也，剔刑人之髮爲之也。

15. 030　步搖(bùyáo)，上有垂珠，步則搖也[③]。

15. 031　簂(guó)，恢也，恢廓覆髮上也。魯人曰頍(kuǐ)，頍，傾也，著之傾近前也。齊人曰幎(mào)[④]，飾形貌也。

15. 032　華勝(huāshèng)[⑤]，象草木華也。勝，言人形容正等，一人著之則勝也。蔽髮前爲飾也。

---

① 帤歛，王刻本作“歛”。

② 髡，王刻本作“鬍”。“鬍、剔”音近。

③ 該條王刻本緊接“王后首飾……成其飾也”合一。

④ 幎，原作“幦”，《廣韻》：“幎，幪也。”“幎、貌”音同。畢沅云“幪”譌，故王刻本改作“幎”。

⑤ 上條後緊接“華，象草木華也”，而“勝”等提行另起，畢沅認爲脫“華勝”二字，故王刻本作“華勝，華，象……”。

15.033　爵釵(juéchāi)<sup>①</sup>，釵頭及上施爵也。

15.034　瑱(tiàn)，鎮也，懸當耳旁，不欲使人妄聽，自鎮重也。或曰充耳(chōng'ěr)，充，塞也，塞耳亦所以止聽也。故里語曰：“不瘖不聾，不成姑公。”

15.035　穿耳施珠曰璫(dāng)。此本出於蠻夷所爲也，蠻夷婦女輕淫好走<sup>②</sup>，故以此琅璫錘之也。今中國人傚之耳。

15.036　脂(zhī)，砥也，著面柔滑如砥石也。

15.037　粉(fěn)，分也，研米使分散也。

15.038　胡粉(húfěn)，胡，餬也，脂和以塗面也。

15.039　黛(dài)，代也，滅眉毛去之，以此畫代其處也。

15.040　脣脂(chúnzhī)，以丹作之，象脣赤也。

15.041　香澤(xiāngzé)者，人髮恆枯悴，以此濡澤之也。

15.042　彊(qiáng)，其性凝强，以制服亂髮也。

15.043　以丹注面曰勺(dì)<sup>③</sup>。勺，灼也，此本天子諸侯群妾當以次進御，其有月事者止而不御，重以口説，故注此於面，灼然爲識，女史見之，則不書其名於第録也。

15.044　頳粉(chēngfěn)<sup>④</sup>，頳，赤也，染粉使赤，以著頰上也。

---

① 該條前王刻本據《太平御覽》引補“釵，叉也，象叉之形因名字也”。

② 淫，王刻本作“浮”。

③ 勺，王刻本作“旳”。下“勺”字同。

④ 該條王刻本緊接“胡粉”條。

# 釋名卷第五

釋衣服第十六　釋宮室第十七

## 釋衣服第十六

16.001　凡服,上曰衣(yī)。衣,依也,人所依以芘寒暑也。

16.002　下曰裳(cháng)。裳,障也,所以自障蔽也。

16.003　領(lǐng),頸也,以壅頸也。亦言揔領衣體爲端
　　　　首也。

16.004　襟(jīn),禁也,交於前,所以禁禦風寒也。

16.005　袂(mèi),掣也;掣,開也。開張之以受臂屈伸也。

16.007　袪(qū),虛也。

16.008　袖(xiù),由也,手所由出入也。亦言受也,以受
　　　　手也。

16.009　衿(jīn),亦禁也,禁使不得解散也。

16.010　帶(dài),蒂也,著於衣,如物之繫蒂也。

16.011　系(xì),繫也,相連繫也。

16.012　衽(rèn),襜也,在旁襜襜然也。

16.013　裾(jū),倨也,倨倨然直。亦言在後常見踞也。

16.014　玄端(xuánduān),其袖下正直端方,與要接也。

16.015　素積(sùjī),素裳也,辟積其要中使踧,因以名

之也。

16.016　王后之上服曰褘衣(huīyī)，畫翬雉之文於衣也。伊洛而南，雉青質五色備曰翬(huī)<sup>①</sup>。鷂翟(yàodí)，畫鷂雉之文於衣也。江淮而南，雉素質五采皆備成章曰鷂(yào)。

16.017　闕翟(quèdí)，翦闕繒爲翟雉形，以綴衣也。

16.018　鞠衣(jūyī)，黄如菊花色也。

16.019　襢衣(tǎnyī)，襢，坦也，坦然正白無文采也。

16.020　褖衣(tuànyī)，褖然黑色也。

16.021　韠(bì)，蔽也<sup>②</sup>，所以蔽膝前也。婦人蔽膝亦如之。齊人謂之巨巾(jùjīn)，田家婦女出自田野<sup>③</sup>，以覆其頭，故因以爲名也。又曰跪襜(guìchān)，跪時襜襜然張也。

16.022　佩(pèi)，倍也，言其非一物，有倍貳也，有珠、有玉、有容刀、有帨巾、有觿之屬也。

16.023　襦(rú)，奭也，言溫奭也。

16.024　袴(kù)<sup>④</sup>，跨也，兩股各跨別也。

16.025　褶(dié)，襲也，覆上之言也。

16.026　禪衣(dānyī)，言無裹也。

---

① 青，王刻本與下"素"字互異。五色備，王刻本作"五色皆備成章"。
② 韠蔽也，王刻本作"韍，韠也。韠，蔽膝也"。
③ 自，王刻本作"至"。
④ 袴，王刻本作"綺"。

16.027　襡(shǔ)，屬也，衣裳上下相連屬也。荆州謂禪衣曰布襡(bùshǔ)。亦是襜襦(chānrú)[1]，言其襜襜弘裕也。

16.028　褠(gōu)，禪衣之無胡者也，言袖夾直，形如溝也。

16.029　中衣(zhōngyī)，言在小衣之外、大衣之中也。

16.030　裲襠(liǎngdāng)，其一當胸、其一當背也。

16.031　帕腹(pàfù)，橫帕其腹也。

16.032　抱腹(bàofù)，上下有帶、抱裹其腹上、無襠者也。

16.033　心衣(xīnyī)[2]，抱腹而施鈎肩，鈎肩之間施一襠，以奄心也。

16.034　衫(shān)，芟也，衫末無袖端也。

16.035　有裏曰複(fù)。

16.036　無裏曰單(dān)[3]。

16.037　反閉(fǎnbì)，襦之小者也，却向著之，領反於背後閉其襟也[4]。

16.038　婦人上服曰袿(guī)，其下垂者，上廣下狹，如刀圭也。

16.039　襈(zhuàn)，撰也[5]，青絳爲之緣也。

---

① 是，王刻本改作"曰"是。
② 該條王刻本字頭作"膺"，餘爲釋文。
③ 單，王刻本作"禪"。
④ 領，王刻本作"領含於項"。
⑤ 撰，王刻本作"緣"。

16.040　裙(qún)，下群也，連接裾幅也①。

16.041　緝(qī)，下橫縫緝其下也②。

16.042　緣裙(yuánqún)，裙施緣也。

16.043　緣襹(yuánshǔ)，襹施緣也。

16.044　帔(pèi)，披也，披之肩背，不及下也。

16.045　直領(zhílǐng)，邪直而交下，亦如丈夫服袍方也。

16.046　交領(jiāolǐng)，就形名之也。

16.047　曲領(qūlǐng)，在內以中襟領上橫雍頸③，其狀曲也。

16.048　單襦(dānrú)，如襦而無絮也。

16.049　要襦(yāorú)，形如襦，其要上翹，下齊要也。

16.050　半袖(bànxiù)，其袂半襦而施袖也。

16.051　留幕(liúmù)，冀州所名大襦下至膝者也。留，牢也；幕，絡也，言牢絡在衣表也。

16.052　袍(páo)，丈夫著下至跗者也。袍，苞也，苞內衣也。婦人以絳作衣裳，上下連，四起施緣，亦曰袍，義亦然也。齊人謂如衫而小袖曰侯頭(hóutóu)，侯頭猶言解瀆，臂直通之言也。

---

①　該條王刻本作“裙，下裳也。裙，群也，聯接群幅也”。

②　該條王刻本承上條爲一。

③　以中襟，王刻本作“所以禁中衣領”

16.053　被(bèi),被也,被覆人也<sup>①</sup>。

16.054　衾(qīn),广也。其下廣大,如广受人也。

16.055　汗衣(hànyī),近身受汗垢之衣也。《詩》謂之澤,受汗澤也。或曰鄙袒(bǐzhàn),或曰羞袒(xiūzhàn)。作之用六尺裁,足覆胸背,言羞鄙於袒而衣此耳。褌(kūn),貫也,貫兩腳,上繫腰中也。

16.056　偪(bī)<sup>②</sup>,所以自逼束。今謂之行縢(xíngténg),言以裹腳,可以跳騰輕便也。

16.057　襪(wà),末也,在腳末也。

16.058　履(lǚ),禮也,飾足所以爲禮也。

16.059　複其下曰舄(xì)。舄,腊也。行禮久立,地或泥濕,故複其末下使乾腊也。

16.060　屨(jù)<sup>③</sup>,拘也,所以拘足也。

16.061　齊人謂韋屨曰扉(fèi)<sup>④</sup>。扉,皮也,以皮作之。不借(bùjiè)<sup>⑤</sup>,言賤易有,宜各自蓄之,不假借人也。

16.062　齊人云搏腊(bóxī)。搏腊,猶把鮓,麤貌也。荆州人曰麤(cū),麻韋草皆同名也<sup>⑥</sup>。麤,措也,言所以安措足也。

---

① "被覆人也"前王刻本有"所以"二字。

② 偪,王刻本作"幅"。

③ "屨"前王刻本有"亦曰屨"以承"履……禮也"條。

④ 韋,王刻本作"草"。

⑤ "不借"前畢沅以意增"或曰"二字。

⑥ "麻"前王刻本有"絲"字。

16. 063　屩(juē)①,蹻也,出行著之,蹻蹻輕便,因以爲
　　　　名也。

16. 064　屐(jī),搘也,爲兩足搘以踐泥也②。

16. 065　鞾(xuē),跨也,兩足各以一跨騎也③。

16. 066　鞣鞻(suǒduó),鞾之缺前壅者。胡中所名也。鞣
　　　　鞻,猶速獨,足直前之言也。

16. 067　鞵(xié),解也。著時縮其上如履然,解其上則舒
　　　　解也。

16. 068　帛屐(bójī),以帛作之如屩者。不曰帛屩者,屩不
　　　　可踐泥也。也踐泥者也④,此亦可以步泥而浣之,故
　　　　謂之屐也。

16. 069　晚下(wǎnxià),如舄,其下晚晚而危,婦人短者著
　　　　之可以拜也。

16. 070　靸韋(sǎwéi),履深頭者之名也。靸,襲也,以其深
　　　　襲覆足也。

16. 071　仰角(yǎngjiǎo),屐上施履之名也,行不得蹶,當
　　　　仰履角舉足乃行也。

---

① "屩"前王刻本有"屩,草履也"四字。
② 兩、搘,王刻本作"雨、楮"。
③ 後王刻本尚有"本胡服,趙武靈王服之"九字。
④ 該句王刻本作"屐可以踐泥也"。

# 釋宮室第十七

17.001　宮(gōng)，穹也，屋見於垣上穹隆然也。

17.002　室(shì)，實也，人物實滿其中也。

17.003　室中西南隅曰奧(ào)，不見戶明，所在祕奧也。

17.004　西北隅曰屋漏(wūlòu)。禮，每有親死者，輒撤屋之西北隅，薪以爨竈煮沐，供諸喪用，時若值雨，則漏，遂以名之也。必取是隅者，禮既祭，改設饌于西北隅，令撤毀之，示不復用也。

17.005　東南隅曰窔(yào)①。窔，幽也，亦取幽冥也。

17.006　東北隅曰宧(yí)。宧，養也，東北陽氣始出，布養物也。

17.007　中央曰中霤(zhōngliù)。古者寢穴後室之霤②，當今之棟下直室之中，古者霤下之處也。

17.008　宅(zhái)，擇也，擇吉處而營之也。

17.009　舍(shè)，於中舍息也。

17.010　宇(yǔ)，羽也，如鳥羽翼自覆蔽也。

17.011　屋(wū)，亦奧也，其中溫奧也。

17.012　廟(miào)③，貌也，先祖形貌所在也。

---

① 該條與"屋漏"條原接排，中間無空格。

② 寢，王刻本作"復"。

③ "廟"前王刻本有"宗廟。宗，尊也"五字。

17.013　寑(qǐn)，寑也，所寑息也。

17.014　城(chéng)，盛也，盛受國都也。

17.015　郭(guō)，廓也，廓落在城外也。

17.016　城上垣曰睥睨(pìnì)，言於其孔中睥睨非常也。
　　　　亦曰陴(pí)。陴，裨也，言裨助城之高也。亦曰女墙
　　　　(nǚqiáng)，言其卑小，比之於城，若女子之於丈夫也。

17.017　寺(sì)，嗣也，治事者嗣續於其內也。

17.018　廷(tíng)，停也，人所集之處也①。

17.019　獄(yù)，确也，實确人之情偽也②。又謂之牢(láo)，
　　　　言所在堅牢也。又謂之圜土(yuántǔ)，築其表墙③，其
　　　　形圜也。又謂之囹圄(língyǔ)。囹，領也；圄，御也，領
　　　　錄囚徒禁御之也。

17.020　亭(tíng)，停也，亦人所停集也。

17.021　傳(zhuàn)，傳也，人所止息而去，後人復來，轉相
　　　　傳④，無常主也。

17.022　瓦(wǎ)，踝也；踝，确堅貌也。亦言腂也，在外腂
　　　　見也。

17.023　梁(liáng)，彊梁也。

17.024　柱(zhù)，住也。

--------

① 集，王刻本作"停集"。
② 該句王刻本作"言實确人情偽也"。
③ 該句王刻本作"言築土表墙"。
④ 轉，王刻本作"轉轉"。

17. 025　檼(yìn),隱也,所以隱桷也。或謂之望(wàng),言
高可望也。或謂之棟(dòng)。棟,中也,居屋之中也。

17. 026　桷(jué),確也,其形細而疏確也。或謂之椽
(chuán)。椽,傳也,相傳次而布列也。或謂之榱(cuī),
在檼旁下列,衰衰然垂也。

17. 027　栭(lǔ),旅也,連旅旅也。或謂之櫋(màn)。櫋,緜
也,緜連榱頭,使齊平也。上入曰爵頭(juétóu),形似
爵頭也。

17. 028　楣(méi),眉也,近前①,若面之有眉也。

17. 029　棳儒(zhuōrú)也,梁上短柱也。棳儒猶侏儒,短,
故以名之也。

17. 030　梧(wǔ)②,在梁上,兩頭相觸牾也。

17. 031　欒(luán),攣也,其體上曲,攣拳然也。

17. 032　盧(lú),在柱端,都盧③,負屋之重也。

17. 033　斗(dǒu),在欒兩頭,如斗也,斗負上員檼也。

17. 034　笮(zé),迮也,編竹相連迫迮也。

17. 035　屋脊曰甍(méng)。甍,蒙也,在上覆蒙屋也。

17. 036　壁(bì),辟也,辟禦風寒也④。

───────────

① 近前,王刻本據《廣韻》引增作“近前各兩”。
② 畢沅認爲當作“梧,牾也”。
③ 字頭,王刻本作“櫨”。都盧,王刻本作“如都盧”。
④ “辟”前王刻本有“所以”二字。

17. 037　墙(qiáng)，障也，所以自障蔽也。

17. 038　垣(yuán)，援也，人所依阻，以爲援衛也。

17. 039　墉(yōng)，容也，所以蔽隱形容也。

17. 040　籬(lí)，離也，以柴竹作之，疏離離也[1]。青、徐曰梮
　　　　(jū)。梮，居也，居於中也。

17. 041　栅(zhà)，蹟也，以木作之，上平蹟然也。

17. 042　又謂之撤(chè)。撤，緊也，詆詆然緊也。

17. 043　殿(diàn)，有殿鄂也。陛(bì)，卑也，有高卑也。天
　　　　子殿謂之納陛(nàbì)，言所以納人言之階陛也。

17. 044　階(jiē)，梯也，如梯之有等差也。

17. 045　陳(chén)，堂塗也，言賓主相迎陳列之處也。

17. 046　屏(píng)，自障屏也。

17. 047　蕭廧(xiāoqiáng)，在門内，蕭，蕭也[2]，將入於此，
　　　　自肅敬之處也。

17. 048　宁(zhù)，佇也，將見君，所佇立定氣之處也。

17. 049　序(xù)，次序也。

17. 050　夾室(jiāshì)，在堂兩頭，故曰夾也。

17. 051　堂(táng)，猶堂堂，高顯貌也。

---

① "也"前王刻本有"然"字。

② 蕭，王刻本作"肅"。

17.052　房(fáng)，旁也，在堂兩旁也[1]。

17.053　楹(yíng)，亭也，亭亭然孤立，旁無所依也。齊、魯讀曰輕。輕，勝也，孤立獨處，能勝任上重也。

17.054　簷(yán)，檐也，接檐屋前後也。

17.055　霤(liù)，流也，水從屋上流下也。

17.056　闕(què)，在門兩旁[2]，中央闕然爲道也。

17.057　罘罳(fúsī)，在門外。罘，復也；罳，思也，臣將入請事，於此復重思之也。

17.058　觀(guàn)，觀也，於上觀望也。

17.059　樓(lóu)，謂牖户之間有射孔，樓樓然也[3]。

17.060　臺(tái)，持也，築土堅高，能自勝持也。

17.061　櫓(lǔ)，露也，露上無屋覆也。

17.062　門(mén)，捫也，在外爲人所捫摸也。

17.063　障(zhàng)，衛也。

17.064　户(hù)，護也，所以謹護閉塞也。

17.065　窗(chuāng)，聰也，於内窺外爲聰明也。

17.066　屋以草蓋曰茨(cí)。茨，次也，次比草爲之也。

17.067　寄上曰廬(lú)。廬，慮也，取自覆慮也。

---

① 在堂兩旁也，王刻本作“室之兩旁也”。

② 在門兩旁，王刻本據《藝文類聚》引增作“闕也，在門兩旁”。

③ 謂牖户之間有射孔，王刻本作“言牖户諸射孔”。樓，王刻本作“婁”。

17. 068　草圓屋曰蒲(pú)。蒲,敷也,總其上而敷下也。
又謂之庵(ān)。庵,奄也,所以自覆奄也。

17. 069　大屋曰廡(wǔ)。廡,幠也;幠,覆也。并、冀人謂
之庌(yǎ)。庌,正也,屋之正大者也。

17. 070　井(jǐng),清也,泉之清潔者也。井一有水一無水
曰瀱汋(jìzhuó)。瀱,竭也;汋,有水聲汋汋也。

17. 071　竈(zào),造也,造創食物也。爨(cuàn),銓也,銓
度甘辛調和之處也。

17. 072　倉(cāng),藏也,藏穀物也。

17. 073　庫(kù),舍也,物所在之舍也。故齊、魯謂庫曰
舍也。

17. 074　廐(jiù),勼也,勼聚也,牛馬之所聚也。

17. 075　廩(lǐn),矜也,寶物可矜惜者,投之其中也。

17. 076　囷(qūn),綣也,藏物繾綣束縛之也。

17. 077　庾(yǔ),裕也,言盈裕也,露積之言也。盈裕不可
稱受[1],所以露積之也。

17. 078　囤(dùn),屯也,屯聚之也。

17. 079　圌(chuán),以草作之,團團然也。

17. 080　廁(cè),言人雜在上[2],非一也。或曰溷(hùn),言
溷濁也。或曰圊(qīng),至穢之處,宜常修治,使潔清

────────────

① 稱,王刻本作“勝”。
② “言”前王刻本據《廣韻》引增“雜也”二字。

也。或曰軒(xuān),前有伏,似殿軒也。

17.081　泥(ní),邇也;邇,近也。以水沃土,使相黏近也。

17.082　塗(tú),杜也,杜塞孔穴也。

17.083　堊(è),亞也,次也。先泥之,次以白灰飾之也。

17.084　墍(xì),猶焊焊,細澤貌也。

# 釋名卷第六

劉熙字成國撰

釋牀帳第十八　　釋書契第十九　　釋典藝第二十

## 釋牀帳第十八

18.001　人所坐臥曰牀(chuáng)。牀,裝也,所以自裝載也。長狹而卑曰榻(tà),言其�榻然近地也<sup>①</sup>。

18.002　小者曰獨坐(dúzuò),主人無二,獨所坐也。

18.003　枰(píng),平也,以板作,其體平正也。

18.004　几(jī),庪也<sup>②</sup>,所以庪物也。

18.005　筵(yán),衍也,舒而平之,衍衍然也。

18.006　席(xí),釋也,可卷可釋也。

18.007　簟(diàn),簟也<sup>③</sup>,布之簟簟然平正也。

18.008　薦(jiàn),所以自薦藉也。

18.009　蒲(pú),草也<sup>④</sup>,以蒲作之,其體平也。

18.010　氈(zhān),旃也,毛相著旃旃然也。

---

① 王刻本無"�"字。

② 庪,原作"庪",字書無。下"庪"同。畢沅云"今本作'庪',乃形近而譌"。故王刻本作"庪"。庪,過委切,見母紙韻;几,居履切,見母旨韻。

③ 簟,王刻本作"覃"。下二"簟"字同。

④ 草也,王刻本作"平"。

18.011　褥(rù),辱也,人所坐褻辱也。

18.012　裘㞻(qiúsōu),猶屢數,毛相離之言也。

18.013　榻登(tàdēng),施大牀之前小榻之上,所以登
牀也。

18.014　貂席(diāoxí),連貂皮以爲席也。

18.015　枕(zhěn),檢也,所以檢項也。

18.016　帷(wéi),圍也,所以自障圍也。

18.017　幕(mù),幕絡也,在表之稱也。

18.018　小幕曰帟(yì),張在人上,帟帟然也。

18.019　幔(màn),漫也,漫漫相連綴之言也。

18.020　帳(zhàng),張也,張施於牀上也。小帳曰斗
(dǒu)[1],形如覆斗也。

18.021　㦜(lián),廉也,自障蔽爲廉恥也。

18.022　幢(zhuàng),容也[2],施之車蓋,童童然以隱蔽形
容也。

18.023　户㦜(hùlián),施於户外也。

18.024　牀前帷曰帖(tiē),言帖帖而垂也。

18.025　幄(wò),屋也,以帛衣板施之,形如屋也。

---

① 斗,王刻本作"斗帳"。
② 幢容也,王刻本作"幢容。幢,童也"。

18. 026　承塵(chéngchén)，施於上承塵土也。搏辟(bóbì)<sup>①</sup>，以席搏著壁也。

18. 027　扆(yǐ)，倚也，在後所依倚也。

18. 028　屏風(píngfēng)，言可以屏障風也。

---

① 搏辟，王刻本作"搏壁"。

# 釋書契第十九

19.001　筆(bǐ),述也,述事而書之也。

19.002　硯(yàn),研也,研墨使和濡也。

19.003　墨(mò),痗也[1],似物痗墨也。

19.004　紙(zhǐ),砥也,謂平滑如砥石也。

19.005　板(bǎn),般也[2],般般平廣也。

19.006　奏(zòu),鄒也;鄒,狹小之言也。

19.007　札(zhá),櫛也,編之如櫛齒相比也。

19.008　簡(jiǎn),間也,編之篇篇有間也。

19.009　簿(bù),言可以簿疏密也[3]。

19.010　笏(hù),忽也,君有教命,及所啟白,則書其上,備
　　　　忽忘也。

19.011　槧(qiàn),板之長三尺者也。槧,漸也,言其漸漸
　　　　然長也。

19.012　牘(dú),睦也,手執之以進見,所以爲恭睦也。

19.013　籍(jí),籍也,所以籍疏人名戶口也。

19.014　檄(xí),激也,下官所以激迎其上之書文也。

---

①　痗,王刻本作"晦"。下"痗"字同。

②　般,王刻本作"販"。下二"般"字同。

③　該條王刻本作"或曰簿,言可以簿疏物也"承"笏"條合一。

19. 015　檢(jiǎn)，禁也，禁閉諸物，使不得開露也。

19. 016　璽(xǐ)，徙也，封物使可轉徙而不可發也。

19. 017　印(yìn)，信也，所以封物爲信驗也。亦言因也，封
　　　　　物相因付也。

19. 018　謁(yè)，詣也；詣，告也。書其姓名於上，以告所至
　　　　　詣者也。

19. 019　符(fú)，付也，書所敕命於上，付使傳行之也。

19. 020　節(jié)，赴也，執以赴君命也①。

19. 021　傳(zhuàn)，轉也，轉移所在，執以爲信也②。

19. 022　券(quàn)，綣也，相約束綣綣以爲限也。

19. 023　莂(bié)，別也，大書中央，中破別之也。

19. 024　契(qì)，刻也，刻識其數也。

19. 025　策(cè)，書教令於上，所以驅策諸下也。

19. 026　漢制：約敕封侯曰册(cè)。册，賾也，敕使整賾不
　　　　　犯之也。

19. 027　示(shì)，示也，過所至關津以示之也③。

19. 028　詣(yì)，啟也，以君語官司所至詣也④。

---

① 該條王刻本作“亦言赴也，執以赴君命也”而承“符”條下合一。
② 該條後王刻本尚有“亦曰過也，過所至關津以示之也”。
③ 王刻本移“過所至關津以示之也”至“傳”條後。
④ 詣啟也，畢沅認爲誤倒，故王刻本改作“啟，詣也”。君，王刻本作
　“啟”，疑當作“榮”。

19. 029　書(shū)，庶也，紀庶物也。亦言著之簡紙，永不
滅也①。

19. 030　畫(huà)，挂也，以五色挂物上也②。

19. 031　書稱刺書(cìshū)，以筆刺紙簡之上也。又曰寫
(xiě)，倒寫此文也③。書姓字於奏上曰書刺(shūcì)④，作
再拜起居，字皆達其體，使書盡邊，徐引筆書之，如畫
者也。下官刺曰長刺(chángcì)，長書中央一行而下之
也⑤。又曰爵里刺(juélǐcì)，書其官爵及郡縣鄉里也。

19. 032　書稱題(tí)。題，諦也，審諦其名號也。亦言第，
因其第次也。

19. 033　書文書檢曰署(shǔ)。署，予也，題所予者官號也。

19. 034　上敕下曰告(gào)。告，覺也，使覺悟知己意也。

19. 035　下言上曰表(biǎo)⑥，思之於內，表施於外也。又
曰上(shàng)，示之於上也。又曰言(yán)，言其意也。

19. 036　約(yuē)，約束之也。勅(chì)，飾也⑦，使自警飾，
不敢廢慢也。

19. 037　謂(wèi)，猶謂也，猶得勅不自安，謂謂然也⑧。

---

① “亦言”後王刻本有“著也”二字。
② 該條王刻本作“畫，繪也，以五色繪物象也”。
③ 寫倒寫，王刻本作“到寫，寫”。
④ 二“書”字畢沅據《御覽》引改作“畫”。
⑤ 王刻本無“之”字。
⑥ 上，王刻本作“於上”。
⑦ 飾，王刻本作“飭”是。下“飾”字同。
⑧ “猶謂、謂謂然”之“謂”，畢沅疑或當作“惛”。

# 釋典藝第二十

20. 001　三墳(sānfén)，墳，分也。論三才之分天地人之
治①，其體有三也。

20. 002　五典(wǔdiǎn)，典，鎮也。制法所以鎮定上下②，
其等有五也③。

20. 003　八索(bāsuǒ)，索，素也。著素王之法，若孔子者，
聖而不王，制此法者有八也。

20. 004　九丘(jiǔqiū)，丘，區也。區別九州土氣，教化所宜
施者也。此皆三王以前上古羲皇時書也。今皆亡，惟
《堯典》存也。

20. 005　經(jīng)，俓也④，如俓路無所不通，可常用也。

20. 006　緯(wěi)，圍也，反覆圍繞以成經也。

20. 007　圖(tú)，度也，盡其品度也⑤。

20. 008　讖(chèn)，纖也，其義纖微也⑥。

20. 009　《易》(yì)，易也，言變易也。

20. 010　《禮》(lǐ)，體也，得其事體也。

----

① 之，王刻本無。治，王刻本作“始”。
② 法，王刻本作“教法”。
③ 其，王刻本作“差”。
④ “俓也”後王刻本有“常典也”三字。
⑤ 盡，王刻本作“畫”。
⑥ 其義纖微，王刻本作“其義纖微而有效驗”。

20.011　《儀》(yí)，宜也，得事宜也。

20.012　傳(zhuàn)，傳也，以傳示後人也。

20.013　《記》(jì)，紀也，紀識之也。

20.014　《詩》(shī)，之也，志之所之也。興物而作謂之興(xìng)。敷布其義謂之賦(fù)。事類相似謂之比(bǐ)。言王政事謂之雅(yǎ)。稱頌成功謂之頌(sòng)。隨作者之志而別名之也。

20.015　《尚書》(shàngshū)，尚，上也。以堯爲上，始而書其時事也。

20.016　《春秋》(chūnqiū)，春、秋、冬、夏終而成歲①，春秋書人事，卒歲而究備，春秋温凉中象政和也，故舉以爲名也。

20.017　《國語》(guóyǔ)，記諸國君臣相與言語謀議之得失也。又曰《外傳》(wàizhuàn)，《春秋》以魯爲内，以諸國爲外，外國所傳之事也。

20.018　《爾雅》(ěryǎ)，爾，昵也；昵，近也；雅，義也；義，正也。五方之言不同，皆以近正爲主也。

20.019　《論語》(lúnyǔ)，紀孔子與諸弟子所語之言也。

20.020　法(fǎ)，逼也，莫不欲從其志，逼正，使有所限也。

20.021　律(lù)，累也，累人心，使不得放肆也。

20.022　令(lìng)，領也，理領之，使不得相犯也。

---

①　該句王刻本作“言春、秋、冬、夏終而成歲，舉春秋，則冬夏可知也”。

20. 023　科(kē),課也,課其不如法者,罪責之也。

20. 024　詔書(zhàoshū),詔,昭也。人暗不見事宜,則有
　　　　所犯,以此示之,使昭然知所由也。

20. 025　論(lùn),倫也,有倫理也。

20. 026　稱人之美曰讚(zàn)。讚,纂也,纂集其美而叙之也。

20. 027　叙(xù),杼也,杼洩其實,宣見之也。

20. 028　銘(míng),名也,述其功美,使可稱名也。

20. 029　誄(lěi),累也,累列其事而稱之也。

20. 030　謚(shì),曳也。物在後爲曳,言名之於人亦然也。

20. 031　譜(pǔ),布也,布列見其事也。

20. 032　統(tǒng),緒也,主緒人世類相繼如統緒也[1]。

20. 033　碑(bēi),被也。此本王莽時所設也[2]。施其轆轤,
　　　　以繩被其上,以引棺也[3]。臣子追述君父之功美,以書
　　　　其上。後人因焉,無故建於道陌之頭,顯見之處,名其
　　　　文就,謂之碑也。

20. 034　詞(cí),嗣也,令撰善言相續嗣也。

---

① 該條王刻本以"亦曰緒也,主緒人世類相繼如統緒也"承上條合
　　一。

② 王莽,王刻本作"莽"。

③ 施其轆轤以繩被其上以引棺也,王刻本作"於鹿盧,以繩被其上,
　　引以下棺也"。

# 釋名卷第七

劉熙字成國撰

## 釋用器第二十一

21.001　斧(fǔ)，甫也；甫，始也。凡將制器，始用斧伐木，已乃制之也。

21.002　鎌(lián)，廉也，體廉薄也，其所刈稍稍取之，又似廉者也。

21.003　斨(qiāng)，戕也，所伐皆戕毀也。

21.004　仇矛(chóumáo)，讎也①，所伐則平，如討仇讎也。

21.005　錐(zhuī)，利也。

21.006　椎(chuí)，推也。耒(lěi)，亦椎也②。

21.007　鑿(záo)，有所穿鑿也。

21.008　鐫(juān)，鐏也，有所鐏入也。

21.009　耜(sì)，似也③，似齒之斷物也。

---

① "讎也"前王刻本有"仇"字。

② 該條王刻本作"耒，來也，亦推也"，於"鐫"條後另行別起。

③ 似，王刻本作"齒"。

21.010　犁(lí),利也,利則發土絕草根也①。

21.011　檀(tán),坦也②,摩之使坦然平也。

21.012　鋤(chú),助也,去穢助苗長也。齊人謂其柄曰橿
(jiāng),橿然正直也。頭曰鶴(hè),似鶴頭也。

21.013　枷(jiā),加也,加杖於柄頭,以撾穗,而出其穀也。
或曰羅枷(luójiā),三杖而用之也。或曰丫(yā),丫杖轉
於頭③,故以名之也。

21.014　鍤(chā),插也,插地起土也。或曰銷(xiāo)。銷,
削也,能有所穿削也。或曰鏵(huá)。鏵,刳也,刳地
爲坎也。其板曰葉(yè),象木葉也。

21.015　把(bà),播也,所以播除物也。

21.016　拂(fú),撥也,撥使聚也。

21.017　耨(nòu),以鋤嫗耨禾也④。

21.018　鎛(bó),亦鋤類也⑤。鎛,迫也⑥。

21.019　鞲(gōu),溝也,既割去壟上草,又辟其土,以壅苗
根,使壟下爲溝,受水潦也。

21.020　鉪(dì),殺也,言殺草也。

---

① 王刻本無"則"字。
② 坦,原譌作"垣"。下"坦"字同。
③ 丫,王刻本作"以"。
④ 以鋤嫗耨,王刻本作"似鋤嫗薅"。
⑤ 類,王刻本作"田器"。
⑥ "迫也"後王刻本尚有"迫地去草也"五字。

21. 021　銍(zhì),穫黍鐵也。銍銍,斷黍穗聲也[①]。

21. 022　釿(yín)[②],謹也,板廣不可得制削[③],又有節,則用此釿之,所以詳謹,令平滅斧跡也。

21. 023　鐁(sī),鐁彌也。釿有高下之跡[④],以此鐁彌其上而平之也。

21. 024　鋸(jù),倨也,其體直,所截應倨句之平也。

21. 025　钃(zhú)[⑤],誅也,主以誅除物根株也[⑥]。

---

① 黍,王刻本作“禾”。
② 釿,王刻本作“斤”。下“釿”字同。
③ 制削,王刻本作“削”。
④ 釿,王刻本作“斤”。
⑤ 钃,王刻本作“劚”。
⑥ 除物,王刻本作“鉏”。

# 釋樂器第二十二

22. 001　鍾(zhōng),空也,内空受氣多,故聲大也。

22. 002　磬(qìng),罄也,其聲罄罄然堅緻也。

22. 003　鼓(gǔ),郭也,張皮以冒之,其中空也。

22. 004　鞉(táo),導也,所以導樂作也。

22. 005　鼙(pí),裨也,裨助鼓節也。

22. 006　鼙在前曰朔(shuò)。朔,始也。在後曰應(yìng)。
　　　　　應,大鼓也。

22. 007　所以懸鼓者[①],横曰簨(sǔn)。簨,峻也,在上高峻
　　　　　也。從曰虡(jù)。虡,舉也,在旁舉簨也。簨上之板曰
　　　　　業(yè),刻爲牙,捷業如鋸齒也。

22. 008　瑟(sè),施弦張之,瑟瑟然也。

22. 009　箏(zhēng),施弦高急,箏箏然也。

22. 010　筑(zhù),以竹鼓之,筑柲之也[②]。

22. 011　箜篌(kōnghóu),此師延所作,靡靡之樂也。後出
　　　　　於桑間濮上之地,蓋空國之侯所存也。師涓爲晉平
　　　　　公鼓焉,鄭、衛分其地而有之,遂號鄭、衛之音,謂之淫
　　　　　樂也。

22. 012　枇杷(pípɑ),本出於胡中,馬上所鼓也。推手前

---

① 鼓,王刻本作"鍾鼓"。

② 筑,王刻本作"巩"。

曰枇，引手却曰杷，象其皷時，因以爲名也。

22.013　塤(xūn)，喧也，聲濁喧喧然也。

22.014　篪(chí)，啼也，聲從孔出，如嬰兒啼聲也。

22.015　簫(xiāo)，肅也，其聲肅肅而清也[①]。

22.016　笙(shēng)，生也，象物貫地而生也。

22.017　竹之貫匏(páo)，以瓠爲之，故曰匏也。竽(yú)，亦是也，其中汙空以受簧也。

22.018　簧(huáng)，橫也，於管頭橫施於中也。以竹鐵作，於口橫皷之亦是也。

22.019　搏拊(bófǔ)也[②]，以韋盛穅，形如皷，以手附拍之也。

22.020　柷(zhù)，狀如伏虎，如見柷柷然也。故訓爲始以作樂也。

22.021　敔(yǔ)，衙也；衙，止也，所以止樂也[③]。

22.022　舂牘(chōngdú)[④]，舂，撞也；牘，築也，以舂築地爲節也。

22.023　籥(yuè)，躍也，氣躍出也。

22.024　篴(dí)，滌也，其聲滌滌然也。

---

① 而，王刻本作“然”。

② 畢沅認爲“也”字衍。

③ 該條王刻本作“柷敔。柷狀如桼桶，敔狀如伏虎。柷，如物始見，柷柷然也。祝，始也，故訓祝爲始，以作樂也”。

④ 舂牘，原脱。

22.025　鐃(náo)，聲鐃鐃也。

22.026　人聲曰歌(gē)。歌，柯也，所歌之言是其質也。以聲吟詠有上下，如草木之有柯葉也，故兗、冀言歌聲如柯也。

22.027　竹曰吹(chuī)。吹，推也，以氣推發其聲也。

22.028　吟(yín)，嚴也，其聲本出於憂愁，故其聲嚴肅，使人聽之悽歎也。

# 釋兵第二十三

23.001　弓(gōng),穹也,張之穹隆然也。其末曰簫(xiāo),言簫梢也。又謂之弭(mǐ),以骨爲之,滑弭弭也。中央曰柎(fǔ)。柎,撫也,人所持撫也。簫柎之間曰淵(yuān)。淵,宛也,言曲宛也①。

23.002　弩(nǔ),怒也,有勢怒也。其柄曰臂(bì),似人臂也。鉤絃者曰牙(yá),似齒牙也。牙外曰郭(guō),爲牙之規郭也。下曰懸刀(xuándāo)②,其形然也。合名之曰機(jī),言如機之巧也。亦言如門户之樞機,開闔有節也。

23.003　矢(shǐ),指也,言其有所指向迅疾也。又謂之箭(jiàn),前進也③。其本曰足(zú),矢形似木,木以下爲本,本以根爲足也④。又謂之鏑(dí)。鏑,敵也,可以禦敵也。齊人謂之鏃(zú)。鏃,族也,言其所中皆族滅也。關西曰釭(gāng)。釭,鉸也,言有交刃也。其體曰幹(gàn),言梃幹也。其旁曰羽(yǔ),如鳥羽也,鳥須羽而飛,矢須羽而前也。齊人曰衛(wèi),所以導衛矢也。其末曰栝(kuò)。栝,會也,與弦會也。栝旁曰叉(chā),

---

①　曲宛,王刻本作“宛曲”。

②　懸,王刻本作“縣”。

③　前,畢沅認爲誤,改作“箭”。

④　王刻本無“足”字。

形似叉也。其受之器①,以皮曰箙(fú),謂柔服用之也②。織竹曰笮(zuó),相迫笮之名也。步叉(bùchā),人所帶,以箭叉其中也。馬上曰鞬(jiān)。鞬,建也,弓矢並建立其中也。

23. 004　刀(dāo),到也,以斬伐到其所,刀擊之也③。其末曰鋒(fēng),言若鋒刺之毒利也④。其本曰環(huán),形似環也。其室曰削(qiào)。削,峭也,其形峭殺裹刀體也。室口之飾曰琫(běng)。琫,捧也,捧束口也。下末之飾曰琕(bǐng)。琕,卑也,在下之言也。短刀曰拍髀(pāibì),帶時拍髀旁也。又曰露拍(lùpāi),言露見也。

23. 005　佩刀(pèidāo),在佩旁之刀也。或曰容刀(róngdāo),有刀形而無刃,備儀容而已。

23. 006　剪刀(jiǎndāo),剪,進也,所剪稍進前也。

23. 007　書刀(shūdāo),給書簡札有所刊削之刀也。

23. 008　封刀(fēngdāo)、鉸刀(jiǎodāo)、削刀(xuēdāo),皆隨時名之也⑤。

23. 009　戟(jǐ),格也,旁有枝格也。

23. 010　戈(gē),句矛戟也⑥。戈,過也,所刺擣則決過,所

---

① 受,王刻本作"受矢"。
② 謂柔服用之也,王刻本作"柔服之義也"。
③ 畢沅云"刀"爲"乃"之譌。
④ 鋒,畢沅認爲當作"䗍"。
⑤ 名之,王刻本作"用作名"。
⑥ 矛,王刻本作"子"。

鈎引則制之弗得過也。

23.011　車戟曰常(cháng)，長丈六尺，車上所持也。八尺曰尋，倍尋曰常，故稱常也。

23.012　手戟(shǒujǐ)，手所持摘之戟也①。

23.013　矛(máo)，冒也，刃下冒矜也。下頭曰鐏(zǔn)，鐏入地也。松欘(sōngdú)，長三尺，其矜宜輕，以松作之也。欘(dú)，速欘也，前刺之言也。

23.014　矛長丈八尺曰矟(shuò)，馬上所持，言其稍稍便殺也。又曰激矛(jīmáo)。激，截也，可以激截敵陣之矛也。

23.015　仇矛(chóumáo)，頭有三叉，言可以討仇敵之矛也。

23.016　夷矛(yímáo)，夷，常也。其矜長丈六尺，不言常而曰夷者，言其可夷滅敵，亦車上所持也。

23.017　穛徐本作㮨矛(xùmáo)②，長九尺者也。穛，霍也，所中霍然即破裂也。

23.018　殳矛(shūmáo)，殳，殊也。長丈二尺而無刃，有所撞挃於車上，使殊離也。

23.019　盾(dùn)，遯也，跪其後，避以隱遯也③。大而平者曰吳魁(wúkuí)，本出於吳，爲魁帥者所持也。隆

---

①　摘，王刻本作"擿"是。

②　穛，原作"茿"，不成字，徑改。

③　避，王刻本作"避刃"。

者曰須盾(xūdùn)[1]，本出於蜀，須所持也。或曰羌盾(qiāngdùn)，言出於羌也。約脅而鄒者曰陷虜(xiànlǔ)，言可以陷破虜敵也。今謂之曰露見(lùxiàn)，是也。狹而長者曰步盾(bùdùn)，步兵所持，與刀相配者也。狹而短者曰子盾(jiédùn)，車上所持者也。子，小稱也，以縫編板謂之木絡(mùluò)，以犀皮作之曰犀盾(xīdùn)，以木作之曰木盾(mùdùn)，皆因所用爲名也。

23.020　彭排(pángpái)，彭，旁也，在旁排敵禦攻也。

23.021　鎧(kǎi)，猶塏也。塏，堅重之言也。或謂之甲(jiǎ)，似物孚甲以自禦也[2]。

23.022　劔(jiàn)，檢也，所以防檢非常也。又其在身[3]，拱時斂在臂內也。其旁鼻曰鐔(xín)，鐔，尋也，帶所貫尋也。其末曰鋒(fēng)，鋒，鋒末之言也。

23.023　鋋(chán)，延也，達也，去此至彼之言也。

23.024　鉤鑲(gōuxiāng)，兩頭曰鉤，中央曰鑲，或推鑲，或鉤引，用之之宜也。

23.025　九旗(jiǔqí)之名，日月爲常，畫日月於其端，天子所建，言常明也。

23.026　交龍爲旂(qí)。旂，倚也，畫作兩龍相依倚也。通

---

① 須，畢沅認爲應據《御覽》引改作“滇”。下“須”字同，並增“蜀”，言“蜀、滇所持”“謂蜀、滇人所用”。

② 該條王刻本作“甲，似物有孚甲以自禦也。亦曰介，亦曰函，亦曰鎧，皆堅重之名也”。

③ 又其在身，王刻本作“又斂也，以其在身”。

以赤色爲之,無文采①,諸侯所建也。通帛爲旃(zhān),
旃,戰也,戰戰恭己而已也。三孤所建,象無事也。

23.027　熊虎爲旗(qí),軍將所建,象其猛如虎與眾期其
下也②。

23.028　鳥隼爲旟(yú)。旟,譽也,軍吏所建,急疾趨事,
則有稱譽也。

23.029　雜帛爲斾(pèi)③,以雜色綴其邊爲翅尾也④。將帥
所建,象物雜也⑤。

23.030　龜蛇爲旐(zhào)。旐,兆也,龜知氣兆之吉凶,建
之於後,察度事宜之形兆也。

23.031　全羽爲旞(suì)。旞,猶滑也,順滑之貌也。

23.032　析羽爲旌(jīng)。旌,精也,有精光也。

23.033　緌(ruí),有虞氏之旌也,注旄竿首,其形榮榮
然也。

23.034　綏(suī),夏后氏之旌也,其形衰衰也。

23.035　白斾(báipèi),殷旌也,以帛繼旐末也。

23.036　翿(dào),陶也,其貌陶陶下垂也。

----

①　通以赤色爲之無文采,王刻本移"三孤"前。
②　該條王刻本作"熊虎爲旗,旗,期也,言與眾期於下。軍將所建,象
其猛如熊虎也"。
③　斾,或作"物"。
④　翅,王刻本作"燕"。
⑤　雜,王刻本作"雜色"。

23.037 幢(chuáng),童也,其貌童童也[①]。

23.038 旛(fān),幡也,其貌幡幡也[②]。

23.039 校(jiào),號也,將帥號令之所在也。

23.040 節(jié),爲號令賞罰之節也。

23.041 鐸(duó),度也,號令之限度也。

23.042 金鼓(jīngǔ),金,禁也,爲進退之禁也。

23.043 戚(qī),感也,斧以斬斷,見者皆感懼也。

23.044 鉞(yuè),豁也,所向莫敢當前,豁然破散也。

---

① 童童,王刻本作“童童然”。
② 幡幡,王刻本作“幡幡然”。

# 釋車第二十四

**24.001**　車(chē)，古者曰車，聲如居，言行所以居人也。今曰車<sup>①</sup>，車，舍也，行者所處若車舍也<sup>②</sup>。

**24.002**　天子所乘曰玉輅(yùlù)，以玉飾車也，輅亦車也。謂之輅(lù)者，言行於道路也。象輅(xiànglù)、金輅(jīnlù)、木輅(mùlù)，各隨所以爲飾名之也<sup>③</sup>。

**24.003**　鉤車(gōuchē)，以行爲陣，鉤股曲直有正，夏所制也。

**24.004**　胡車(húchē)<sup>④</sup>，車胡以罪没入爲官奴者引之<sup>⑤</sup>，殷所制也。

**24.005**　元戎車(yuánróngchē)，在軍前啟突敵陣，周所制也。

**24.006**　輦車(niǎnchē)，人所輦也。

**24.007**　柏車(bǎichē)，柏，伯也，大也，丁夫服任之小車也<sup>⑥</sup>。

---

①　今曰車，王刻本作"今曰車聲如舍"。

②　車，王刻本作"居"。

③　該條王刻本作"天子所乘曰路，路亦車也，謂之路者，言行於道路也。金路、玉路，以金玉飾車也，象路、革路、木路，各隨所以爲飾名之也"。

④　胡車，王刻本作"胡奴車"。

⑤　車胡、爲官，王刻本作"東胡、官爲"。

⑥　小車，王刻本作"大車"。據"柏"之大義，當爲"大車"。

24.008　羊車(yángchē),羊,祥也;祥,善也。善飾之車,今
　　　　犢車是也。

24.009　墨車(mòchē),漆之正黑,無文飾,大夫所乘也。

24.010　重較(chóngjiào),其較重,卿所乘也。

24.011　役車(yìchē),給役之車也。

24.012　棧車(zhànchē),棧,靖也,麻靖物之車也,皆庶人
　　　　所乘也。

24.013　輲車(túnchē),戎者所乘也。

24.014　容車(róngchē),婦人所載小車也,其蓋施帷,所以
　　　　隱蔽其形容也。

24.015　衣車(yīchē),前户,所以載衣服之車也。

24.016　獵車(lièchē),所乘以畋獵也。

24.017　小車(xiǎochē),駕馬輕小之車也。駕馬宜輕,使
　　　　之局小也。

24.018　高車(gāochē),其蓋高,立載之車也①。

24.019　安車(ānchē),蓋卑坐乘,今吏之乘小車也②。

24.020　嬴車(luóchē)、羔車(gāochē)③,各以所駕名之也。

24.021　檻車(jiànchē),上施欄檻、以格猛獸之車也④。

――――――――――

① 立載,王刻本作“立乘載”。
② 之,王刻本作“所”。
③ 畢沅認爲“羔”當作“羊”。
④ 以格猛獸之車也,王刻本作“以格猛獸,亦囚禁罪人之車也”。

24.022　軺車(yáochē), 軺, 遙也, 遠也<sup>①</sup>。四向遠望之
　　　　車也。

24.023　輜車(zīchē), 載輜重臥息其中之車也。輜, 廁也,
　　　　所載衣物雜廁其中也。

24.024　軿車(píngchē)<sup>②</sup>, 軿, 屏也。四面屏蔽, 婦人所
　　　　乘牛馬也<sup>③</sup>。輜、軿之形同, 有邸曰輜, 無邸曰軿, 輈
　　　　(zhōu), 句也, 轅上句也。衡(héng), 橫也, 橫馬頸上也。

24.025　游環(yóuhuán), 在服馬背上, 驂馬之外轡貫之,
　　　　游移前卻, 無常處也<sup>④</sup>。

24.026　脅驅(xiéqū), 在服馬外脅也。

24.027　陰(yīn), 蔭也, 橫側車前, 以陰笒也<sup>⑤</sup>。

24.028　靷(yǐn), 所以引車也。鋈(wù), 金塗沃也<sup>⑥</sup>, 冶白
　　　　金以沃灌靷環也。續(xù), 續靷端也。

24.029　文鞇(wényīn), 車中所坐者也, 用虎皮, 有文采<sup>⑦</sup>,
　　　　因與下鞪相連著也。

24.030　軷(fú), 伏也, 在前, 人所伏也。

24.031　軾(shì), 式也, 所伏以式敬者也。

────────────

① 遠也, 王刻本作"遙, 遠也"。

② 軿, 原誤作"駢"。下三"軿"字同。

③ 馬, 王刻本作"車"是。

④ 常, 王刻本作"定"。

⑤ 以陰笒也, 王刻本作"所以蔭笒也"。

⑥ 王刻本刪"金塗"二字。

⑦ "有文采"後王刻本據體例增"鞇, 因也"三字。

24.032　靯轕(dùbó)，車中重薦也。輕靯轕，小貂也[1]。

24.033　轂(gǔ)，埆也，體堅埆也。

24.034　轅(yuán)，援也，車之大援也。

24.035　枕(zhěn)[2]，橫在前，如臥牀之有枕也。枕，橫也，橫在下也。

24.036　薦板(jiànbǎn)，在上如薦席也。齊人謂車枕以前曰縮(suō)，言局縮也。兗、冀曰育(yù)，御者坐中執御，育育然也。

24.037　較(jiào)，在箱上爲辜較也。

24.038　立人(lìrén)，象人立也。

24.039　或曰陽門(yángmén)，在前曰陽，兩旁似門也。

24.040　楅(gé)，扼也，所以扼牛頸也。馬曰烏啄(wūzhuó)，下向，叉馬頸，似烏開口向下啄物時也。

24.041　隆強(lóngqiáng)，言體隆而强也。或曰車弓(chēgōng)，似弓曲也。其上竹曰郎疏(lángshū)，相遠晶晶然也。

24.042　轠(gé)，複也，重複非一言之也。

24.043　輞(wǎng)，罔也，罔羅周輪之外也。關西曰輮(róu)，言曲輮也。或曰㶊(mín)，㶊，緜也，緜連其外也。

24.044　輪(lún)，綸也，言彌綸也，周匝之言也。

---

① 貂，王刻本作“矧者”。
② 有學者認爲“枕”當作“桄”。

24.045　輚(zǒng)，言輻輚入轂中也。

24.046　輿(yú)，舉也。

24.047　軸(zhóu)，抽也，入轂中可抽出也。

24.048　釭(gāng)，空也，其中空也。

24.049　鐧(jiān)，間也，間釭軸之間，使不相摩也。

24.050　轄(xiá)，害也，車之禁害也。

24.051　輠(guǒ)，裹也，裹軹頭也。

24.052　軹(zhǐ)，指也，如指而見於轂頭也。

24.053　笭(líng)，橫在車前，織竹作之，孔笭笭也。

24.054　蓋(gài)，在上覆蓋人也。

24.055　𫏋(fàn)，藩也，蔽水雨也。

24.056　轑(lǎo)，蓋叉也，如屋構橑也。

24.057　杠(gāng)，公也，眾叉所公共也。

24.058　轊軶(pìyì)，猶祕齧也。在車軸上，正輪之祕齒前卻也。

24.059　屐(jī)，似人屐也。又曰伏兔(fútù)，在軸上似之也。又曰輹(fù)[1]。輹，伏也，伏於軸上也。

24.060　鉤心(gōuxīn)，從輿心下鉤軸也。

24.061　縛(fù)[2]，在車下，與輿相連縛也。

---

① 輹，王刻本作“䩜”。

② 縛，王刻本據書例增改爲“轐，縛也”。

24.062　棠(táng)，蹚也，在車兩旁蹚憪，使不得進却也。

24.063　憪(xiǎn)，憲也，禦熱也[1]。

24.064　紲(xiè)，制也，牽制之也。

24.065　紛(fēn)，放也，防其放弛以拘之也。

24.066　彎(pèi)，咈也，牽引咈戾，以制馬也。

24.067　勒(lè)，絡也，絡其頭而引之也。

24.068　銜(xián)，在口中之言也[2]。

24.069　鑣(biāo)，苞也，所以在旁苞歛其口也[3]。

24.070　鞅(yǎng)，嬰也，喉下稱嬰，言纓絡之也。其下飾曰樊纓(fányīng)，其形樊樊而上屬纓也。

24.071　韅(xiǎn)，經也，橫經其腹下也。

24.072　靽(bàn)，半也，拘使半行，不得自縱也。

24.073　羈(jī)，檢也，所以檢持制之也。

24.074　韁(jiāng)，疆也，繫之使不得出疆限也。

24.075　鞧(qiū)，遒也，在後遒迫不得使却縮也。

24.076　負(fù)，在背上之言也。

24.077　靳(xuàn)，懸也，所以懸縛軛也[4]。

---

① 禦熱也，王刻本作"所以禦熱也"。

② 該條王刻本無。

③ 所以，王刻本無。

④ 靳、懸，王刻本分別作"鞙、縣"。

# 釋船第二十五

25. 001　船(chuán)，循也，循水而行也。又曰舟(zhōu)，言
周流也。其前立柱曰桅(wēi)①。桅，巍也，巍巍高貌也。

25. 002　其尾曰柁(duò)。柁，拖也，後見拖曳也。且弼正
船使順流，不使他戾也。

25. 003　在旁曰櫓(lǔ)。櫓，膂也②，用膂力然後舟行也。

25. 004　引舟者曰笮(zuó)。笮，作也；作，起也，起舟使動
行也。

25. 005　在旁撥水曰櫂(zhào)。櫂，濯也，濯於水中也。
且言使舟櫂進也。又謂之札(zhá)，形似札也。又謂之
楫(jí)。楫，捷也，撥水使舟捷疾也。所用斥旁岸曰交
(jiāo)，一人前一人還，相交錯也。

25. 006　帆(fān)，泛也，隨風張幔曰帆③，使舟疾汎汎
然也。

25. 007　舟中牀以薦物者曰笭(líng)，言但有簀如笭牀也。
南方人謂之笭突(língtū)，言濕漏之水突然從下過也。

25. 008　其上板曰覆(fù)，言所覆衆枕也④。其上屋曰盧

---

① 桅，畢沅據《御覽》引改作"桅"。下"桅"同。
② 膂，王刻本作"旅"。下"膂"字同。
③ 隨風張幔曰帆，畢沅據《一切經音義》引改置詞頭"帆"前。
④ 衆枕，王刻本改作"廬"。

(lú)，象廬舍也。其上重室曰飛廬(fēilú)①，在上，故曰
飛也。又在上曰爵室(juéshì)，於中候望之，如鳥雀之
警示也②。軍行在前曰先登(xiāndēng)，登之向敵陣也。

25.009　狹而長曰艨衝(méngchōng)③，以衝突敵船也。

25.010　輕疾者曰赤馬舟(chìmǎzhōu)，其體正赤，疾如
馬也。

25.011　上下重牀曰艦(jiàn)④，四方施板，以禦矢石，其內
如牢檻也。

25.012　五百斛以上還有小屋曰斥候(chìhòu)，以視敵進
退也。

25.013　三百斛曰䚢(diāo)。䚢，貂也；貂，短也。江南所
名短而廣，安不傾危者也。

25.014　二百斛以下曰艇(tǐng)，其形徑挺，一人二人所
行也⑤。

---

① 室，王刻本作“屋”。
② 示，王刻本作“視”。
③ “狹”前王刻本有“外”字。
④ 牀，王刻本作“版”。
⑤ 所行，王刻本作“所乘行者”

# 釋名卷第八

劉熙字成國撰

釋疾病第二十六　釋喪制第二十七

## 釋疾病第二十六

26.001　疾病(jíbìng)者①,客氣中人急疾也。病(bìng),並也,並與正氣在膚體中也②。

26.002　疹(zhěn),診也,有結氣可得診見也③。

26.003　疚(jiù),久也,在體中也④。

26.004　痛(tòng),通也,通在膚脈中也。

26.005　癢(yǎng),揚也,其氣在皮中,欲得發揚,使人搔發之而揚出也。

26.006　眩(xuàn),縣也,目視動亂,如懸物遥遥然不定也。

26.007　歷𢟍(lìnǎo)⑤,𢟍從耳鼻中出,歷歷然也。

26.008　禿(tū),無髮沐禿也。髷頭生創曰瘕(jiǎ)。髷(hé),

---

① 畢沅認爲"疾病"乃總舉,下應有"疾,疾也"字。
② 並與正氣,王刻本作"與正氣並"。
③ 氣,王刻本作"聚"。
④ 王刻本據文意補"久"字,作"久在體中也"。
⑤ 𢟍,原作"淫",從段玉裁校改。下"𢟍"字同。

亦然也[①]。

26.009　盲(máng),茫也,茫茫無所見也。

26.010　瞽(gǔ),鼓也,瞑瞑然目平合如鼓皮也。

26.011　矇(méng),有眸子而失明,蒙蒙無所別也。

26.012　瞍(sǒu),縮壞也。

26.013　瞎(xiā),迄也,膚幕迄迫也。

26.014　眸子明而不正曰通視(tōngshì),言通達目匡一方也。又謂之麗視(lìshì)。麗,離也,言一目視天,一目視地,目明分離,所視不同也。

26.015　目匡陷急曰眇(miǎo)。眇,小也。目眥傷赤曰矊(miè)。矊,末也,創在目兩末也。

26.016　目生膚入眸子曰浸(qīn)。浸,侵也,言侵明也。亦言浸淫轉大也。

26.017　聾(lóng),籠也,如在蒙籠之內,聽不察也。

26.018　鼻塞曰鼽(qiú)。鼽,久也,涕久不通,遂至窒塞也。

26.019　齲(qǔ),朽也[②],蟲齧之齒缺朽也。

26.020　瘖(yīn),唵然無聲也。

26.021　癭(yǐng),嬰也,在頸嬰喉也。

26.022　癰(yōng),喉氣著喉中不通,稹成癰也。

---

① "痩"無頭創義,而據《說文》"瘍"即頭創,故王刻本改作"瘊,頭生創也,頭有創曰瘍,瘊亦然也"。
② 朽,王刻本作"齒朽"。

26.023　消漱(xiāokě)，漱，渴也，腎氣不周於胸胃中，津潤消渴，故欲得水也。

26.024　嘔(ǒu)，傴也，將有所吐，脊曲傴也。

26.025　欬(kài)，刻也，氣奔至，出入不平調，若刻物也。

26.026　喘(chuǎn)，湍也；湍，疾也，氣出入湍疾也。

26.027　吐(tù)，瀉也，故揚、豫以東謂瀉爲吐也。

26.028　乳癰曰妒(dù)。妒，褚也，氣積褚不通，至腫潰也。

26.029　心痛曰疝(shàn)。疝，詵也，氣詵詵然上而痛也。

26.030　痞(pǐ)，否也，氣否結也。

26.031　小兒氣結曰哺(bǔ)。哺，露也，哺而寒露，乳食不消，生此疾也。

26.032　注病(zhùbìng)，一人死，一人復得，氣相灌注也。

26.033　泄利(xièlì)，言其出漏泄而利也。下重而赤白曰滯(zhì)，言屬滯而難也。

26.034　陰腫曰隤(tuí)，氣下隤也。又曰疝(shàn)，亦言詵也，詵詵引小腹急痛也。

26.035　疼(téng)，卑①，氣疼疼然煩也。

26.036　痔(zhì)，食也，蟲食之也。

26.037　酸(suān)，遜也；遜，遁在後也，言脚疼力少，行遁在後，以遜遁者也。

---

①　卑，王刻本作"痹也"。

26.038　消(xiāo)，弱也，如見割削，筋力弱也。

26.039　懈(xiè)，解也，骨節解緩也。

26.040　厥(jué)，逆氣從下厥起，上行入心脅也。

26.041　瘧(nüè)，酷虐也。凡疾，或寒或熱耳，而此疾先寒後熱，兩疾似酷虐者也。

26.042　疥(jiè)，齘也，癢搔之，齒齘齘也。

26.043　癬(xuǎn)，徙也，浸淫移徙，處日廣也，故青、徐謂癬爲徙也。

26.044　胗(zhěn)，展也，癢搔之，捷展起也。

26.045　腫(zhǒng)，鍾也，寒熱氣所鍾聚也。

26.046　癰(yōng)，壅也，氣壅否結裹而潰也。

26.047　痳(lín)，懍也，小便難，懍懍然也。

26.048　創(chuāng)，戕也，戕毀體使傷也。

26.049　痍(yí)，侈也，侈開皮膚爲創也。

26.050　瘢(bān)，漫也，生漫故皮也。

26.051　痕(hén)，根也，急相根引也。

26.052　瘤(liú)，流也，血流聚所生瘤腫也。

26.053　贅(zhuì)，屬也，橫生一肉，屬著體也。

26.054　肬(yóu)，丘也，出皮上，聚高，如地之有丘也。

# 釋喪制第二十七

27.001　人始氣絶曰死(sǐ)。死,澌也,就消澌也。

27.002　士曰不禄(bùlù),不復食禄也。大夫曰卒(zú),言卒竟也。

27.003　諸侯曰薨(hōng),薨,壞之聲也。

27.004　天子曰崩(bēng)。崩,壞之形也。崩,硼聲也。

27.005　殪(yì),翳也,就隱翳也。

27.006　徂落(cúluò)。徂,祚也,福祉殞落也。徂亦往也,言往去落也。

27.007　罪人曰殺(shā)。殺,竄也,埋竄之使不復見也。

27.008　罪及餘人曰誅(zhū)。誅,株也,如株木根,枝葉盡落也。

27.009　死於水者曰溺(nì)。溺,弱也,不能自勝之言也。

27.010　死於火者曰燒(shāo)。燒,燋也。

27.011　戰死曰兵(bīng),言死爲兵所傷也。

27.012　下殺上曰弑(shì)。弑,伺也,伺間而後得施也。

27.013　懸繩曰縊(yì)。縊,阨也,阨其頸也。

27.014　屈頸閉氣曰雉經(zhìjīng),如雉之爲也。

27.015　獄死曰考竟(kǎojìng),考得其情,竟其命於獄也。

27.016　市死曰棄市(qìshì)。市,衆所聚,言與衆人共棄之也。

27.017　斫頭曰斬(zhǎn)。斬腰曰腰斬(yāozhǎn)[①]。斬,暫
也,暫加兵即斷也。

27.018　車裂曰轘(huàn)。轘,散也,肢體分散也。

27.019　煮之於鑊曰烹(pēng),若烹禽獸之肉也。

27.020　槌而死者曰掠(lüè)。掠,狼也,用威大暴於豺
狼也[②]。

27.021　老死曰壽終(shòuzhōng)。壽,久也;終,盡也,生
已久遠,氣終盡也。

27.022　少壯而死曰夭(yāo),如取物中夭折也。

27.023　未二十而死曰殤(shāng)。殤,傷也,可哀傷也。

27.024　父死曰考(kǎo)。考,成也。亦言槁也,槁於義爲
成,凡五材,膠漆陶冶皮革,乾槁乃成也。

27.025　母死曰妣(bǐ)。妣,比也,比之於父亦然也。

27.026　漢以來謂死爲物故(wùgù),言其諸物皆就朽故
也。既定死曰尸(shī)。尸,舒也,骨節解舒,不復能自
勝歛也。

27.027　衣尸曰襲(xí)。襲,匝也,以衣周匝覆衣之也。

27.028　以囊韜其形曰冒(mào)。覆其形,使人勿惡也。

27.029　己衣所以束之曰絞衿(jiǎojīn)。絞,交也,交結之

---

① 二“腰”字,王刻本皆作“要”。
② 於,王刻本作“如”。

也;衿,禁也,禁繫之也。

27.030　含(hán),以珠具含其口中也。

27.031　握(wò),以物著尸手中,使握之也。

27.032　衣尸棺曰斂(liǎn),斂藏不復見也。

27.033　棺(guān),關也,關閉也。

27.034　槨(guǒ),廓也,廓落在表之言也。

27.035　尸已在棺曰柩(jiù)。柩,究也,送終隨身之制皆究備也。

27.036　於西壁下塗之曰殯(bìn)。殯,賓也。賓客遇之,言稍遠也。塗曰攢(cuán)①,攢木於上而塗之也。

27.037　三日不生,生者成服曰縗(cuī)。縗,摧也,言傷催也②。

27.038　絰(dié),實也,傷摧之實也。

27.039　絞帶(jiǎodài),絞麻緫爲帶也。三年之縗曰斬(zhǎn),不緝其末,直翦斬而已。期曰齋(zī)。齋,齊也。

27.040　九月曰大功(dàgōng),其布如麤大之功,不善治練之也。

27.041　小功(xiǎogōng)③,精細之功,小有飾也。

---

① 攢,王刻本作“欑”。下“攢”字同。
② 催,王刻本作“摧”是。
③ 王刻本作“五月曰小功”。

27.042　緦麻(sīmá)①,緦,絲也,績麻緦如絲也②。

27.043　錫縗(xīcuī),錫,治也③,治其麻使滑易也。

27.044　疑縗(yícuī),儗也,儗於吉也④。

27.045　繐(suì),細如繐也。

27.046　疏(shū),疏如繐也。

27.047　環絰(huándié),末無餘散麻,圓如環也。

27.048　弁絰(biàndié),如爵弁而素加絰也。

27.049　重(chóng),死者之資重也。含餘米以爲粥,投之
　　　　甕而懸之,比葬未作主,權以重主其神也。

27.050　葬(zàng),藏也。

27.051　壙(kuàng),曠也,藏於空曠處也。

27.052　輿棺之車曰輀(ér)。輀,耳也,懸於左右前後,銅
　　　　魚搖絞之屬,耳耳然也。

27.053　其蓋曰柳(liǔ)。柳,聚也,衆飾所聚,亦其形僂也。
　　　　亦曰鼈甲(biējiǎ),以鼈压亦然也⑤。其旁曰牆(qiáng),
　　　　似屋牆也。

27.054　翣(shà),齊人謂扇爲翣,此似之也,象翣扇爲清
　　　　涼也。翣有黼有畫,各以其飾名之也,兩旁引之曰披

---

①　王刻本作"三月曰緦麻"。

②　緦,王刻本作"細"。

③　治,王刻本作"易"。

④　疑縗,原作"疑",據王刻本補"縗"。

⑤　以鼈压亦然也,王刻本作"似鼈甲然也"。

(pī)。披，擺也，各於一旁引擺之，備傾倚也。

27.055　從前引之曰綍(fú)。綍，發也，發車使前也。

27.056　懸下壙曰縟(lù)①。縟，將也②，徐徐將下之也。

27.057　棺束曰緘(jiān)。緘，函也，古者棺不釘也。旁際
曰小要(xiǎoyāo)，其要約小也。又謂之袵(rèn)。袵，
任也，任制際會使不解也。

27.058　送死之器曰明器(míngqì)，神明之器，異於人也。

27.059　塗車(túchē)，以泥塗爲車也。

27.060　芻靈(chúlíng)，束草爲人馬，靈名之也③。

27.061　喪祭曰奠(diàn)。奠，停也，言停久也。亦言撲奠，
合體用之也。

27.062　朔望祭曰殷奠(yīndiàn)，所用殷衆也。

27.063　既葬，還祭於殯宮曰虞(yú)，謂虞樂安神，使還
此也。

27.064　又祭曰卒哭(zúkū)。卒，止也，止孝子無時之哭，
朝夕而已也。

27.065　又祭曰祔(fù)，祭於祖廟，以後死孫祔於祖也。

27.066　期而小祥(xiǎoxiáng)，亦祭名也。孝子除首経④，

---

①　懸，王刻本作“縣”。
②　將，王刻本作“捋”。下“將”字同。“縟、將”音不近。
③　靈名之也，王刻本作“以神靈名之也”。
④　経，王刻本作“服”。

服練冠也。祥,善也,加小善之飾也。

27.067　又期而大祥(dàxiáng),亦祭名也。孝子除縗服,服朝服,縞冠,加大善之飾也。

27.068　間月而禫(dàn),亦祭名也。孝子之意澹然,哀思益衰也。

27.069　冢(zhǒng),腫也,象山頂之高腫起也。

27.070　墓(mù),慕也,孝子思慕之處也。

27.071　丘(qiū),象丘形也。陵(líng),亦然也。

27.072　假葬於道側曰殔(yì)。殔,豷也。

27.073　日月未滿而葬曰渴(kě),言謂欲速葬,無恩也。

27.074　過時而不葬曰慢(màn),謂慢傲不念早安神也。

27.075　葬不如禮曰埋(mái)。埋,痗也,趨使葬腐而已也[1]。

27.076　不得埋之曰棄(qì),謂棄之於野也。

27.077　不得停尸曰捐(juān)[2],捐於地邊者也[3]。

---

① 葬腐,王刻本作"腐朽"。

② 停,王刻本作"其"。

③ 地邊者,王刻本作"他境"。

# 音序索引

chèn
齔　10.006
讖　20.008

chēng
趦粉　15.044

chéng
成　12.130
承塵　18.026
承漿　8.050
城　17.014
乘　9.015

chī
蚩　9.004

chí
泜　4.027
持　9.056
箎　22.014
遲　12.053

chǐ
豉　13.031
齒　8.040

chì
斥候　25.012
赤　2.011
　　14.002
赤馬舟　25.010
扶　9.045
勑　19.036

chōng
充耳　15.034
舂牘　22.022

chóng
重　27.049
重較　24.010
崇期　6.009

chóu
仇矛　21.004
　　23.015
紬　14.035

chǒu
丑　1.032
醜　12.052

chū
出　11.032
　　12.108

chú
芻靈　27.060
鋤　21.012

chǔ
楚　7.018

chuān
川　4.007

chuán
船　25.001
圌　17.079
椽　17.026

chuǎn
喘　26.026

chuāng
窓　17.065
創　26.048

chuáng
牀　18.001

幢　23.037

chuī
吹　22.027

chuí
椎　21.006

chūn
春　1.018
《春秋》　20.016

chún
脣　8.045
脣脂　15.040

chuò
啜　12.162
　　13.003

cí
茨　17.066
詞　20.034
慈　12.011
餈　13.017

cǐ
跐　9.068

cì
刺書　19.031

cóng
從母　11.036
從祖父母　11.022

cū
麤　12.122
　　16.062

cú
徂落　27.006

| | | | | | |
|---|---|---|---|---|---|
| 瀆 | 4.002 | **ěr** | | **fèi** | |
| 瀆泉 | 4.014 | 耳 | 8.044 | 肺 | 8.066 |
| 櫝 | 23.013 | 珥 | 1.068 | 肺腴 | 13.053 |
| 牘 | 19.012 | 《爾雅》 | 20.018 | 扉 | 16.061 |
| **dǔ** | | 餌 | 13.015 | **fēn** | |
| 篤 | 12.020 | **F** | | 分乾 | 13.052 |
| **dù** | | **fā** | | 氛 | 1.077 |
| 妒 | 26.028 | 發 | 12.030 | 紛 | 24.065 |
| 軞轉 | 24.032 | **fǎ** | | 饋 | 13.018 |
| **duàn** | | 法 | 20.020 | **fěn** | |
| 斷 | 12.150 | **fà** | | 粉 | 15.037 |
| **duì** | | 髮 | 8.022 | **fēng** | |
| 兌 | 13.048 | **fān** | | 封刀 | 23.008 |
| **dùn** | | 帆 | 25.006 | 風 | 1.011 |
| 囤 | 17.078 | 旛 | 23.038 | 鋒 | 23.004 |
| 盾 | 23.019 | **fán** | | | 23.022 |
| 頓丘 | 5.001 | 煩 | 12.134 | **fū** | |
| **duó** | | 樊纓 | 24.070 | 夫人 | 11.051 |
| 鐸 | 23.041 | **fǎn** | | 膚 | 8.008 |
| **duò** | | 反閉 | 16.037 | **fú** | |
| 柁 | 25.002 | **fàn** | | 伏 | 9.021 |
| **E** | | 汎齊 | 13.061 | 伏兔 | 24.059 |
| **ē** | | 畚 | 24.055 | 扶 | 12.087 |
| 阿丘 | 5.006 | **fāng** | | 拂 | 21.016 |
| **é** | | 方丘 | 5.008 | 罘罳 | 17.057 |
| 額 | 8.029 | **fáng** | | 浮 | 12.141 |
| **è** | | 房 | 17.052 | 符 | 19.019 |
| 堊 | 17.083 | **fēi** | | 緋 | 27.055 |
| 惡 | 12.050 | 非 | 12.041 | 福 | 12.076 |
| 頟 | 8.031 | 飛廬 | 25.008 | 簚 | 23.003 |
| **ér** | | **féi** | | 韍 | 24.030 |
| 轜 | 27.052 | 淝泉 | 4.012 | 黻冕 | 15.008 |

| | | | | | | |
|---|---|---|---|---|---|---|

**guàn**
觀　17.058

**guāng**
光　1.004

**guī**
袿　16.038
歸孫　11.034

**guǐ**
宄　12.118
氿泉　4.011
癸　1.052
晷　1.006

**guì**
貴　12.071
跪　9.032
跪襜　16.021

**gǔn**
袞冕　15.005

**guō**
郭　17.015
　　23.002

**guó**
《國語》　20.017
簂　15.031

**guǒ**
槨　27.034
輠　24.051

**H**

**hǎi**
海　4.021
醢　13.030

**hài**
亥　1.042
害　1.088

**hán**
含　13.007
　　27.030
寒　1.014
寒粥　13.067
韓鷄　13.049
韓兔　13.049
韓羊　13.049

**hàn**
汗　8.020
汗衣　16.055
胉　13.042
頷　8.043

**háo**
嚎　6.011

**hǎo**
好　12.051

**hào**
昊天　1.001
號　12.048

**hé**
河　4.005
河東　7.030
河南　7.028
河內　7.029
河西　7.031
魺　26.008

**hè**
膈　13.021

**hè**
鶴　21.012

**hēi**
黑　2.011
　　14.005

**hén**
痕　26.051

**héng**
衡　24.024

**hōng**
薨　27.003

**hóng**
虹　1.063
紅　14.008

**hóu**
侯頭　16.052
餱　13.070

**hòu**
后　11.050
厚　12.021
候　12.110

**hú**
胡　8.059
胡餅　13.013
胡車　24.004
胡粉　15.038
胡考　10.017
縠　14.027

**hù**
戶　17.064
戶慊　18.023
岵　3.011
笏　19.010

| | | | | | | |
|---|---|---|---|---|---|---|
| 鐗 | 24.049 | **jiǎo** | | 襟 | 16.004 | |
| **jiǎn** | | 角 | 8.030 | **jǐn** | | |
| 剪刀 | 23.006 | 狡 | 12.112 | 錦 | 14.021 | |
| 檢 | 19.015 | 脚 | 8.099 | **jìn** | | |
| 謇 | 9.072 | 絞帶 | 27.039 | 晉 | 7.021 | |
| 簡 | 19.008 | 絞衿 | 27.029 | 祲 | 1.076 | |
| **jiàn** | | 鉸刀 | 23.008 | 進 | 12.077 | |
| 健 | 12.080 | **jiào** | | **jīng** | | |
| 間 | 12.136 | 校 | 23.039 | 涇 | 4.019 | |
| 賤 | 12.072 | 教 | 12.095 | 旌 | 23.032 | |
| 踐 | 9.064 | 較 | 24.037 | 荆州 | 7.004 | |
| 箭 | 23.003 | **jiē** | | 經 | 20.005 | |
| 澗 | 4.08 | 階 | 17.044 | **jǐng** | | |
| 薦 | 18.008 | 嗟 | 12.163 | 井 | 7.047 | |
| 薦板 | 24.036 | **jié** | | | 17.070 | |
| 劒 | 23.022 | 孑盾 | 23.019 | 景 | 1.005 | |
| 濫泉 | 4.009 | 睫 | 8.034 | 頸 | 8.056 | |
| 檻車 | 24.021 | 節 | 8.086 | **jìng** | | |
| 艦 | 25.011 | | 19.020 | 俓 | 6.013 | |
| **jiāng** | | | 23.040 | 脛 | 8.100 | |
| 江 | 4.003 | 潔 | 12.144 | 敬 | 12.015 | |
| 將 | 12.087 | **jiè** | | 靜 | 12.066 | |
| 僵 | 9.023 | 疥 | 26.042 | 鏡 | 15.021 | |
| 漿 | 13.024 | **jīn** | | **jiǔ** | | |
| 橿 | 21.012 | 巾 | 15.017 | 九旗 | 23.025 | |
| 韁 | 24.074 | 金 | 1.026 | 九丘 | 20.004 | |
| **jiàng** | | 金餅 | 13.013 | 酒 | 13.058 | |
| 絳 | 14.006 | 金鼓 | 23.042 | **jiù** | | |
| **jiāo** | | 金鉻 | 24.002 | 疚 | 26.003 | |
| 交 | 25.005 | 津 | 8.018 | 柩 | 27.034 | |
| 交領 | 16.046 | 衿 | 16.009 | 廄 | 17.074 | |
| | | 筋 | 8.013 | 舅 | 11.027 | |

| | | | | | | |
|---|---|---|---|---|---|---|
| **lù** | | 慮 | 12.170 | **méi** | |
| 陸 | 2.006 | 繂 | 27.056 | 眉 | 8.025 |
| 輅 | 24.002 | **lüè** | | 湄 | 4.020 |
| 路 | 6.002 | 掠 | 27.020 | 楣 | 17.028 |
| 麓 | 3.018 | **M** | | **měi** | |
| 露 | 1.054 | **mà** | | 美人 | 1.063 |
| 露拍 | 23.004 | 罵 | 12.152 | **mèi** | |
| 露見 | 23.018 | **mái** | | 妹 | 11.025 |
| **luán** | | 埋 | 27.075 | 袂 | 16.005 |
| 欒 | 17.031 | 霾 | 1.067 | 寐 | 9.082 |
| **luàn** | | **mài** | | **mén** | |
| 亂 | 12.132 | 衇摘 | 9.079 | 門 | 17.062 |
| **lún** | | 霢霂 | 1.057 | **méng** | |
| 淪 | 4.018 | **màn** | | 盟 | 12.156 |
| 綸 | 14.033 | 幔 | 18.019 | 甍 | 17.035 |
| 輪 | 24.044 | 慢 | 12.016 | 曚 | 26.011 |
| 《論語》 | 20.019 | | 27.074 | 朦衝 | 25.009 |
| **lùn** | | 槾 | 17.027 | **mí** | |
| 論 | 20.025 | **máng** | | 糜 | 13.022 |
| **luó** | | 盲 | 26.009 | **mǐ** | |
| 羅 | 14.024 | **máo** | | 弭 | 23.001 |
| 羅枷 | 21.013 | 毛 | 8.06 | **mì** | |
| 贏車 | 24.020 | 矛 | 23.013 | 密 | 12.125 |
| **luò** | | 髦 | 8.024 | **mián** | |
| 酪 | 13.026 | 髦丘 | 5.004 | 眠 | 9.084 |
| **lǚ** | | **mǎo** | | 緜 | 14.032 |
| 梠 | 17.027 | 卯 | 1.034 | **miǎn** | |
| 履 | 9.066 | **mào** | | 冕 | 15.004 |
| | 16.058 | 冒 | 27.028 | **miàn** | |
| **lù** | | 耄 | 10.015 | 面 | 8.028 |
| 律 | 20.021 | 帽 | 15.031 | **miǎo** | |
| 緑 | 14.010 | 帽 | 15.017 | 眇 | 26.015 |

# 筆畫索引

| | | | | | |
|---|---|---|---|---|---|
| 苦酒 | 13.066 | 刪 | 3.016 | 肺膜 | 13.053 |
| 直領 | 16.045 | 門 | 17.062 | 胱 | 26.054 |
| 枉矢 | 1.083 | 岾 | 3.011 | 股 | 8.097 |
| 林 | 3.017 | 岨 | 3.014 | 周 | 7.019 |
| 枝 | 15.018 | 帖 | 18.024 | 兔纖 | 13.054 |
| 枇杷 | 22.012 | 帕腹 | 16.031 | 炙 | 13.039 |
| 板 | 19.005 | 帗 | 16.044 | 疝 | 26.029 |
| 松檟 | 23.013 | 困 | 17.076 | | 26.034 |
| 枕 | 18.015 | 囹圄 | 17.019 | 疢 | 26.003 |
| | 24.035 | 岡 | 3.003 | 卒 | 27.002 |
| 來 | 12.121 | 氛 | 1.077 | 卒哭 | 27.064 |
| 來孫 | 11.014 | 物故 | 27.026 | 妾 | 11.056 |
| 東海 | 7.040 | 季父 | 11.021 | 盲 | 26.009 |
| 東郡 | 7.036 | 委 | 12.083 | 育 | 24.036 |
| 事 | 12.044 | 委貌 | 15.012 | 券 | 19.022 |
| 事酒 | 13.065 | 侍 | 12.096 | 法 | 20.020 |
| 卧 | 9.081 | 佩 | 16.022 | 泄利 | 26.033 |
| 刺書 | 19.031 | 佩刀 | 23.005 | 河 | 4.005 |
| 雨 | 1.017 | 帛屨 | 16.068 | 河東 | 7.030 |
| 奔 | 9.009 | 阜 | 3.001 | 河南 | 7.028 |
| 妻 | 11.054 | 昏 | 1.074 | 河內 | 7.029 |
| 非 | 12.041 | 徂落 | 27.006 | 河西 | 7.031 |
| 叔 | 11.041 | 往 | 12.120 | 泒 | 4.027 |
| 叔父 | 11.020 | 金 | 1.026 | 注病 | 26.032 |
| 《尚書》 | 20.015 | 金餅 | 13.013 | 泥 | 17.081 |
| 明器 | 27.058 | 金鼓 | 23.042 | 泥丘 | 5.012 |
| 昊天 | 1.001 | 金輅 | 24.002 | 治 | 12.133 |
| 昆孫 | 11.015 | 舍 | 17.009 | 怯 | 12.149 |
| 昌丘 | 5.017 | 命婦 | 11.053 | 宗丘 | 5.023 |
| 《易》 | 20.009 | 斧 | 21.001 | 宛丘 | 5.005 |
| 旻天 | 1.001 | 念 | 12.166 | 郎疏 | 24.041 |
| 咀 | 13.008 | 肺 | 8.066 | 肩 | 8.079 |

| | | | | | |
|---|---|---|---|---|---|
| 搏腊 | 16.062 | 軿車 | 24.024 | 雉經 | 27.014 |
| 塡 | 22.013 | 酩 | 13.026 | 稙長 | 11.046 |
| 鼓 | 22.003 | 頍 | 15.031 | 筰 | 25.004 |
| 載 | 1.024 | 碑 | 20.033 | 節 | 8.086 |
| | 9.016 | 雷 | 1.059 | | 19.020 |
| 載丘 | 5.016 | 電 | 1.060 | | 23.040 |
| 聎 | 15.016 | 雹 | 1.062 | 傳 | 17.021 |
| 靷 | 24.077 | 頓丘 | 5.001 | | 19.021 |
| 靮 | 24.028 | 歲 | 1.024 | | 20.012 |
| 幹 | 23.003 | 虞 | 22.007 | 舅 | 11.027 |
| 蓋 | 12.091 | 虞 | 27.063 | | 11.029 |
| | 24.054 | 業 | 12.043 | 鼠肝 | 2.014 |
| 墓 | 27.070 | | 22.007 | 鉏 | 21.020 |
| 幕 | 14.036 | 睫 | 8.034 | 鉞 | 23.044 |
| | 18.017 | 睥睨 | 17.016 | 鉤車 | 24.003 |
| 蒼天 | 1.001 | 盟 | 12.156 | 鉤鑲 | 23.024 |
| 蒲 | 17.068 | 嗚 | 12.165 | 鉤心 | 24.060 |
| | 18.009 | 嗌 | 8.058 | 頌 | 12.034 |
| 蒸餅 | 13.013 | 鄙 | 7.050 | | 20.014 |
| 蒸栗 | 14.030 | 鄙祖 | 16.055 | 貆炙 | 13.043 |
| 楚 | 7.018 | 號 | 12.048 | 亂 | 12.132 |
| 楫 | 25.005 | 跳 | 9.068 | 飾 | 12.160 |
| 椳 | 25.001 | 跳 | 9.012 | 飴 | 13.056 |
| 楬 | 27.034 | 跪 | 9.032 | 腰斬 | 27.017 |
| 楹 | 17.053 | 跪襜 | 16.021 | 腸 | 8.070 |
| 楣 | 17.028 | 路 | 6.02 | 腹 | 8.063 |
| 椽 | 17.026 | 跡 | 12.086 | 腫 | 26.045 |
| 裘褨 | 18.012 | 跟 | 8.107 | 縢 | 11.056 |
| 軾 | 24.031 | 骩 | 26.008 | 誄 | 20.029 |
| 輈 | 24.024 | 嵩 | 3.005 | 《詩》 | 20.014 |
| 輅 | 24.002 | 嗛 | 18.021 | 詣 | 19.028 |
| 較 | 24.037 | 署 | 19.033 | 誅 | 27.008 |

| | | | | | |
|---|---|---|---|---|---|
| 演 | 12.033 | 熱 | 1.016 | 嶠 | 3.007 |
| 慢 | 12.016 | 鞋 | 16.067 | 幢 | 18.022 |
| | 27.074 | 靯 | 24.030 | | 23.037 |
| 寡 | 11.062 | 靰 | 22.004 | 罵 | 12.152 |
| 寤 | 9.086 | 蕩 | 12.161 | 墨 | 19.003 |
| 寢 | 9.083 | 樞 | 8.095 | 　墨車 | 24.009 |
| | 17.013 | 槾 | 17.027 | 黎 | 2.012 |
| 複 | 16.035 | 樓 | 17.059 | 箭 | 23.003 |
| 褌 | 16.055 | 樊纓 | 24.070 | 僵 | 9.023 |
| 褘衣 | 16.016 | 輑 | 24.051 | 《儀》 | 20.011 |
| 褖衣 | 16.020 | 輖 | 24.043 | 緜 | 14.032 |
| 隤 | 26.034 | 輗軏 | 24.058 | 德 | 12.002 |
| 隧 | 6.011 | 槷 | 19.011 | 衛 | 7.024 |
| 嫡 | 11.059 | 輪 | 24.044 | | 23.003 |
| 嫠 | 27.054 | 輜車 | 24.023 | 銷 | 21.014 |
| 綾 | 14.023 | 磏 | 3.009 | 鉏 | 21.012 |
| 綺 | 14.022 | 殤 | 27.023 | 鋒 | 23.004 |
| 綾 | 23.033 | 震 | 1.061 | | 23.022 |
| 綸 | 14.033 | 潁川 | 7.033 | 滕 | 26.033 |
| 綠 | 14.010 | 齒 | 8.040 | 膝 | 8.098 |
| 緇 | 14.012 | 劇 | 12.137 | 膞 | 8.101 |
| **十五畫** | | 　劇驂 | 6.008 | 魯 | 7.023 |
| 輦車 | 24.006 | 　劇旁 | 6.004 | 誰 | 12.119 |
| 昏 | 15.029 | 膚 | 8.008 | 論 | 20.025 |
| 髮 | 8.022 | 慮 | 12.170 | 《論語》 | 20.019 |
| 髯 | 8.052 | 瞎 | 26.013 | 摩娑 | 9.062 |
| 髲 | 15.028 | 賦 | 20.014 | 廟 | 17.012 |
| 駐 | 9.019 | 賤 | 12.072 | 熟 | 11.046 |
| 撮 | 9.040 | 踏 | 9.065 | 廡 | 17.069 |
| 撫 | 9.060 | 踐 | 9.064 | 瘝 | 26.050 |
| 撤 | 17.042 | 踝 | 8.106 | 瘤 | 26.052 |
| 撥 | 12.031 | 蝎餅 | 13.013 | 餐 | 13.017 |